シュタイナー学校の道徳教育

口絵扉の絵：「それを越えて、もっと高く」 パウル・クレー
1931年ベルン、クレー財団

[口絵 1] 国語のエポックノート 文字のS：スイスのシュタイナー学校

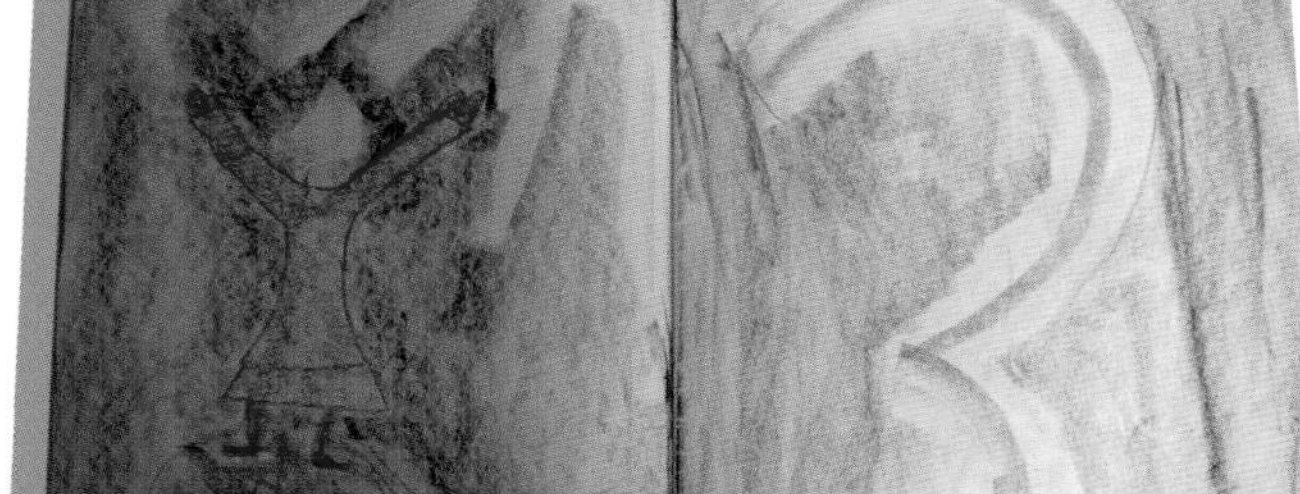

[口絵 2] 算数のエポックノート 数字の 3：スイスのシュタイナー学校

[口絵 3] 1 年生の数の学び : 数字の 5

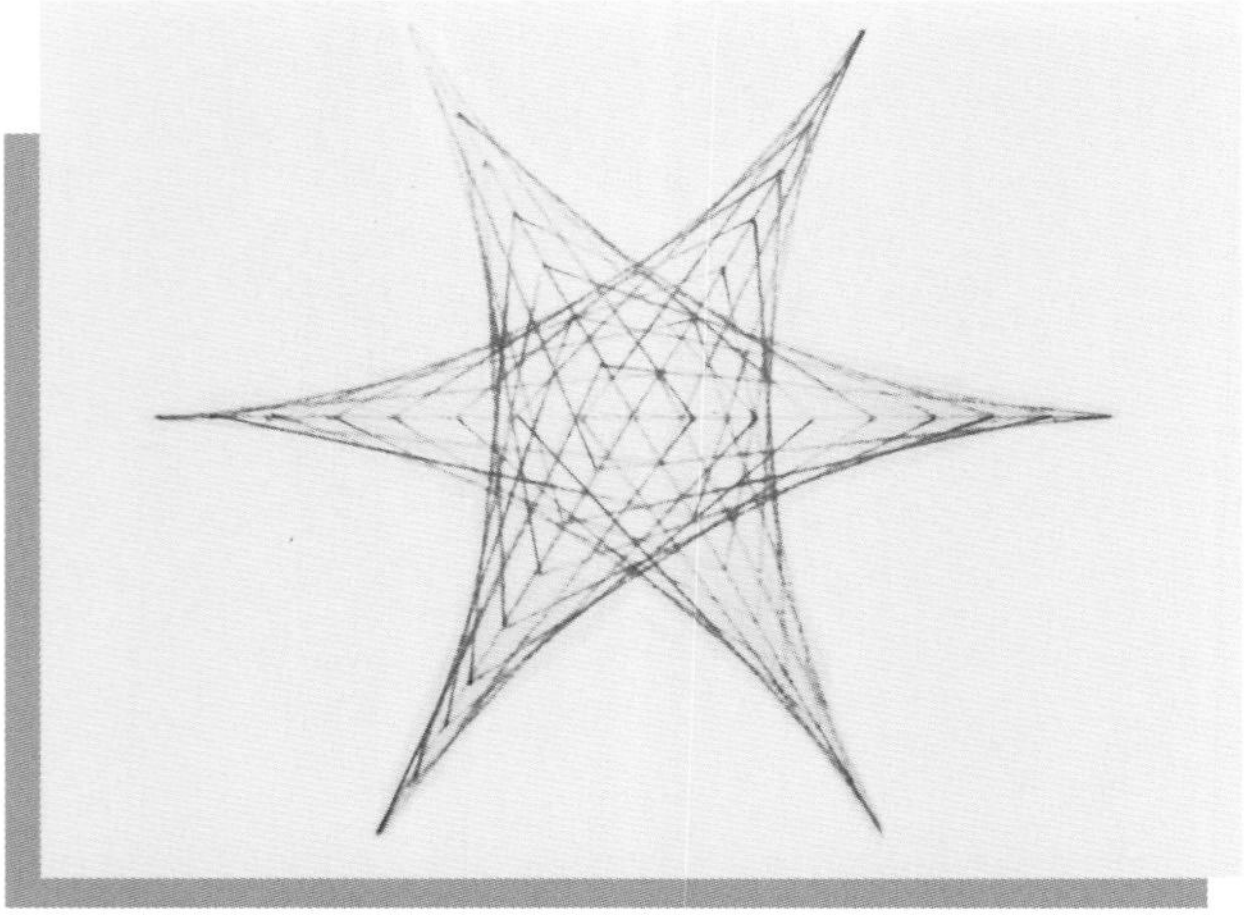

[口絵 4] 5 年生の幾何学の学び

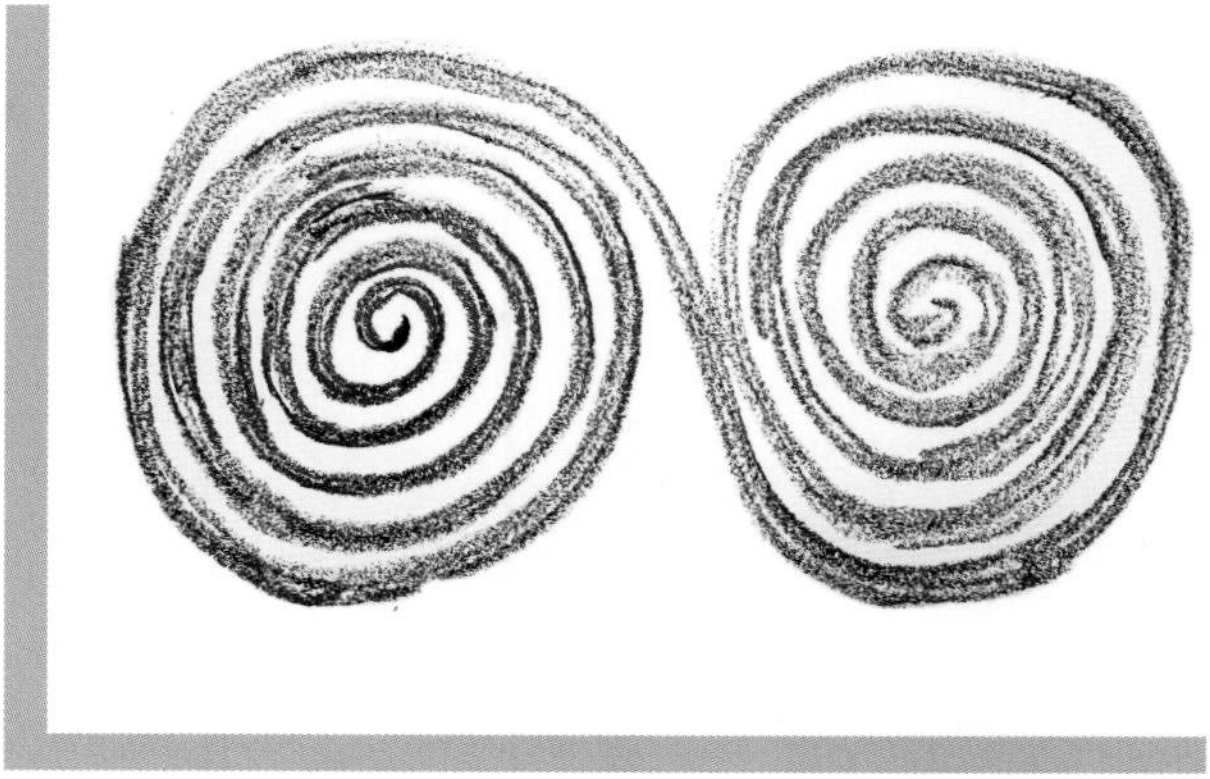

[口絵 5] フォルメン線描

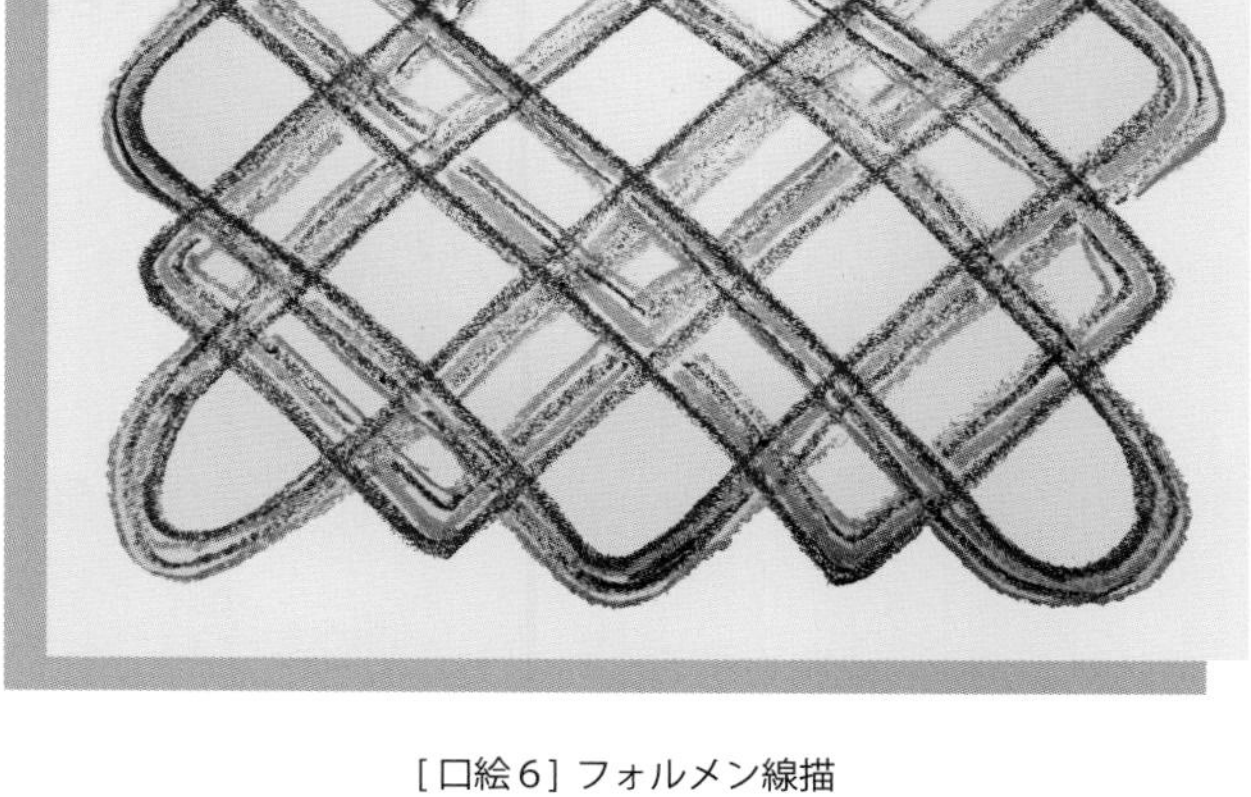

[口絵 6] フォルメン線描

[口絵 7] 棒針編み

[口絵8] クロスステッチ

[口絵9] 編みぐるみ

[口絵11] オイリュトミーの "e"

[口絵10] 銅の工芸・鍛金

[口絵12] 1期生：8年生演劇

[口絵13] 6期生：8年生演劇

シュタイナー学校の道徳教育

井藤　元

イザラ書房 IZARA

目次

はじめに　10

第1章　シュタイナー学校における道徳教育と芸術教育の連関……17

1　「道徳」の授業なき道徳教育　18
2　芸術の位置づけ―シュタイナーの道徳教育論を支える芸術論　20
3　シュタイナーにとって芸術とは何か
　―感覚的＝超感覚的なものの表現としての芸術　22
4　ゲーテの芸術論を支えるゲーテ自然科学　24
5　ゲーテ自然科学研究の意義　26
6　自然認識から芸術的創造へ　30
7　シュタイナーにとって道徳とは何か　37
8　直観の道徳的行為への応用―道徳的直観をめぐって　41

9　道徳的人間＝自由な人間　44
10　自然認識、芸術的創造、道徳的行為の連関　45
11　道徳教育における権威の必要性　48
12　シュタイナー学校の授業における感覚的＝超感覚的なものの提示
　　―エポックノートにおける感覚的＝超感覚的なもの　52

インタビュー①　教科の学びにおける道徳教育の実際……55
　世界の美しさに触れる　56
　教師の「権威」について　65
　子どもの問題行動への対応　66

第2章　フォルメン線描の道徳的意義……75
1　シュタイナー学校における道徳的基盤―フォルメン線描の目的　76
2　フォルメン線描では何がおこなわれているのか　80
3　シュタイナー教育ではすべての教科がフォルメン的である　85

シュタイナーのフォルメン、クレーのフォルムング……89

第3章　道徳教育としての音楽教育……101
1　シュタイナー教育の柱としての音楽教育　102
2　シュタイナー音楽理論の理論的背景　103
3　音楽と自由　106
4　ドイツのシュタイナー学校における音楽の授業実践　110
「精霊ごっこ」の事例　111
「ムジーククーゲル遊び」の事例　115
5　「聴く」ことの意味　119
インタビュー②　道徳教育としての手仕事……121
自己肯定感を育む手仕事の時間　122
手仕事の教員の立ち位置　126
手仕事におけるリズム・繰り返しの重要性　128
発達段階に応じた手仕事の課題　131

8年生の劇について　138
クラスがうまくいっていない場合に手仕事の教師はいかに子どもと関わるのか　142
手仕事の教師による雰囲気作り　144

第4章　道徳教育としての国語教育……151
1　国語における道徳教育――ユーモアエポックの事例　152
ユーモアエポックの位置づけ　152
シュタイナーにおける笑いの意味　155
2　ツァラトゥストラの笑い――シュタイナーのニーチェ解釈　156
3　学校法人シュタイナー学園におけるユーモアエポックの授業
――ユーモアエポックの授業方針と授業計画　162
授業の流れ　162
ユーモアエポック　第1週の学び　166
ユーモアエポック　第2週の学び　167
ユーモアエポック　第3週の学び　171
4　自由への準備としてのユーモアエポック　176

インタビュー③　道徳教育としての演劇教育……181
シュタイナー学校における演劇教育　189
長期的ヴィジョンに基づく教育　199

第5章　シュタイナー学校では教師をいかに育てるのか……209
1　道徳教育を担う教師をいかに育成するか―シュタイナー学校における教員養成　210
2　道徳教育と教員養成の構造的一致　212
3　滲みこみ型の教員養成　215
4　受講者には何が求められているのか　219
直観はいかに磨かれるか―聴くことの意義　219
フォルメンを生きるシュタイナー学校の教師たち　224
同僚性に基づく教師の成長―長期的展望に基づく教師同士の関わり　227
魂のあり方の変容に向けて　231

おわりに　236
引用文献一覧　246
初出一覧　253
研究協力者一覧　254

はじめに

２０２０年、新型コロナウィルスの影響をうけ、世界中が先行きのみえない状況に直面することとなった。情報が日々更新され、状況は刻一刻と移り変わってゆく。どのように行動すべきか、誰かが答えを知っているわけではない。置かれている状況によって判断が異なってくるような問題も多い。Aという状況下で通用したことが、文脈の異なるBの下では誤った判断となることもある。その都度、ひとりひとりが状況に応じて最適解を導き出す力が試されているのである。既存の枠組み、常識やルールに従って生きるだけでは不十分な、極めて高度な問題に全人類が向き合わねばならなくなった。

こうした状況において求められるのは、言われたことを言われたとおりに行う力ではないはずだ。外側から与えられた命令に盲目的に従うのではなく、生きた現実の中で「この私が何をなすべきか」を見極めることこそが重要となる。

本書で紹介するシュタイナー教育において、子ども達のうちに育もうとしている力は、こうした正解のない時代においてこそ発揮される。

シュタイナー教育の最重要課題は自由の獲得である。「自由への教育」を標榜するシュタイナー教育では、すべてのカリキュラムが自由の獲得という一点に向けて設計されている。自由に生きること、それが一朝一夕に果たされるとは考えられていない。じっくりと時間をかけて準備を重ね、将来的につかみ取ってゆくものとみなされているのである。

自由は多義的な用語であり、思想家によって意味内実が異なる厄介な言葉だ。では、シュタイナーにとっての自由とは何か。ここではそれをさしあたり、自分自身に従って生きることと定義しておこう。ここで注意が必要なのだが、自分自身に従うということは、自己本位に生きることを意味するのではない。真の意味で自分に従って生きることができれば、他者の自由を妨げることはないとシュタイナーは考えた。それどころか、自分自身に従って生きることが社会をも活かすことにつながっていくようなありようを彼は思い描いた。つまり、自由の獲得は、一個人の閉じた課題ではなく、社会全体にとって必要不可欠の課題と考えられているのである。

自由の獲得に向けて、シュタイナー教育ではどのようなカリキュラム設計がなされているのであろうか。そこでは教育のあらゆる場面で道徳教育が行われている。シュタイナー教育では、自由な人間と道徳的な人間は同義であり、自由の獲得というミッションを果たすうえで、道徳教育は中心的な役割を担っている。

本書で詳しく見ていくことになるが、シュタイナー学校では、科目としての道徳は存在しない。国語、数学、理科、社会、あらゆる教科の中で、あるいはあらゆる教科をまたいで道徳教育が行われる。また、その際には、すべての教科の学びが芸術的な仕方で子どもたちに提示されている。シュタイナーの思想に基づき、芸術教育即道徳教育という特殊な図式が成り立っているのだ。芸術教育と道徳教育が混然一体となって展開しており、しかもその出発点において、「自然」と徹底的に向き合うことが求められる。独特の構図をなしているのだ。

しかもシュタイナーの述べる芸術や道徳は、我々の常識的な用法とは意味合いが異なる。たとえば、学習指導要領に記されているような内容と比べてみたとき、芸術や道徳のイメージに大きな隔たりがある。

自由に生きるために、自然や芸術を大切にする。それらの要素がシュタイナー教育において独自の意味を付与されつつ、いかに体系的に練り上げられているのか。本書ではそのメカニズムの解明を目指す。

その際、本書では極力、人智学用語（シュタイナー思想独自の用語）を用いずにシュタイナーの道徳教育について読み解いていく。エーテル体、アストラル体といった人智学に特有の用語は、多くの読者にとってシュタイナー思想に接近するうえでの障壁となりかねない。人智学用語を多用することにより、それら一つ一つに気を取られてしまい、大きな筋が見えにくくなる恐れもある。

本書が目指しているのは人智学用語を駆使してシュタイナーの道徳教育論を紹介することではなく、人智学に馴染みがなくとも理解可能な形でその基本構図を示すことにある。そして本書では、人智学のうちに潜在する思想にまで遡り、骨子を浮き彫りにさせてゆく。たとえば、シュタイナーが依拠していたゲーテやニーチェの思想を手がかりに、人智学の用語を適宜置き換えながら議論を進める。人智学のベースにある考えをシュタイナーが依拠した思想家たちの言葉で翻訳してゆくのである。こうした作業をつうじて、シュタイナー教育を開いてゆくことが本書のミッションなのだ。

シュタイナーの思想を閉鎖空間から解き放ち、そのエッセンスを理解することで、おのずと現代の道徳教育のありようを再考する上での重要な視点を獲得することになると筆者は考えている。

周知のとおり、わが国において道徳教育はいま、転換期を迎えており、道徳は2018年度から教科化された。教科書を用いた授業が行われ、記述式評価が導入されるなど、変化の時を迎えている。シュタイナーの道徳教育論は、わが国の道徳教育の現実とは発想が根本的に異なっている。読者諸氏には、本書を通じて道徳教育に関するシュタイナー教育の独自の考え方に触れていただき、道徳教育のあり方そのものを見つめ直すひとつの機会としていただきたいと願っている。

とはいえ、限られた紙幅のなかで、あれもこれも論じることは難しい。本書ではシュタイナー学校で行われている道徳教育の基本的構図を読みとくことに専念したい。

第1章では、シュタイナー学校における道徳教育の理論的基盤を解明する。続く第2章では、フォルメン線描、第3章では音楽について取り上げる。両者はそれぞれ二つの角度からシュタイナー学校の道徳教育を支えている。第4章では教科における道徳教育の内実を明らかにすべく、国語教育における道徳教育の内実を見ていく。第5章では、シュタイナー学校において道徳教育を担う教師がどのように育成されているか、わが国のシュタイナー学校教員養成プログラムについて解説を行う。

また、各章の間にはシュタイナー学校の教員へのインタビューを掲載している。本書における各章の理論的な内容は、シュタイナー教育の実践者の生きた言葉と呼応している。

まずは次章においてシュタイナー学校における道徳教育の設計図を手に入れることにしよう。シュタイナー学校の道徳教育は子どもたちのうちにどのような力をいかなる仕方で育もうとしているのか。この問題を解き明かすことが最初の課題となる。

「鈴をつけた天使」　パウル・クレー

第1章　シュタイナー学校における道徳教育と芸術教育の連関

1.「道徳」の授業なき道徳教育

シュタイナー学校のカリキュラムには教科としての「道徳」は存在しない。時間割を見わたしても道徳はどこにも見当たらず、教科書も使用していない。

では、道徳教育がないがしろにされているかと言えば、事態はむしろその逆である。シュタイナー学校では、すべての教科で道徳教育が行われていると言っても過言ではないからだ。

まずはシュタイナーの言葉に耳を傾けてみよう。彼は「道徳教育は、教師が生徒に対して行うことのすべてに浸透しなければならない[1]」と断言する。そして、子どもに対しては「それだけ切り離された道徳指導を行うよりも、すべての教育や授業を道徳的なものに向けて方向づける方がはるかに高い成果をあげることができる[2]」と主張している。

シュタイナーのこうした考えは、「学校全体で道徳教育を!」といったありふれたスローガンに留まるものではない。彼の理念はカリキュラムに反映され、日々の学びのうちに具現化されている。

簡単な例を挙げよう。学校法人シュタイナー学園のカリキュラムでは、8年生(中学2年生)の数学で[3]黄金比について学ぶ際、子どもたちは世界に存在する美や調和の現象に迫る中で万物の有機的な繋がりを理解する。また、9年生(中学3年生)の理科で有機化学について学ぶ際に、あらゆる人間、動物が等しく植物の恩恵に与っていることを学んでゆく。数学や理科の中でさえ、道徳教育が行われているのである。わが国の道徳教育においても、学習指導要領に示されているとおり、「D　主として生命や自然、崇高なものとのかかわりに関すること」は4本柱のうちの一つだ。そこにおいて「美しいものや気高いものに感動する心をもち、人間の力を超えたものに対する畏敬の念を深めること」や「自然の崇高さを知り、自然環境を大切にすることの意義を理解し、進んで自然の愛護に努めること」が重要な課題として設定されている。学習指導要領におけるこうした課題がシュタイナー教育においては各教科における学びの中で展開しているのだ。

シュタイナー教育では、大前提として、各教科と道徳はカテゴリーが異なるのである。道徳は国語や社会、数学などと並置されるものではなく、それらすべてを土台で支える教育の基盤である。では、いったいなぜ、教科として独立した形ではなくあらゆる教科の中で道徳教育が行われるべきなのだろうか。また、そこでは子どもたちのうちにどのような力を育むことが目指されているのであろうか。本章ではシュタイナー自身のテキストに即して、シュタイナー学校における道徳教育の設計意図を明らかにしてゆく。

意外に思われるかもしれないが、そうした問いにこたえるためには、彼の芸術論にまで遡って検討する必要がある。単にシュタイナーの道徳教育に関する記述を参照するだけでは不十分なのである。道徳教育に関するシュタイナーの考えを明らかにするために、彼の芸術論を参照するなどということは、多くの読者にとっては的外れの試みに感じられるかもしれない。

だが、シュタイナーの道徳教育論の構造を明らかにするうえで、彼の芸術論の分析は避けて通ることができない。教育芸術[4]を標榜しているシュタイナー教育では、その実践の隅々にまで芸術が浸透している。あらゆる教科に芸術が浸透しているというシュタイナー学校の現実と、あらゆる教科の中で道徳教育を行うという方針は関連していると考えたほうがよさそうだ。両者のあいだにつながりを予感するほうが自然なのである。

もっとも、両者の連関は、「芸術をつうじて感受性を育もう」といった、これまたよくあるスローガンに回収されるような類のものではない。シュタイナーの道徳教育論は構造がやや複雑である。芸術教育即道徳教育という図式の背後には、ゲーテの自然科学研究が潜在しており、これが両者を下支えしているという特殊な構図をなしている。自然との向き合い方こそが決定的に重要とされるのだ。ひとつひとつ順を追ってみていこう。

2. 芸術の位置づけ―シュタイナーの道徳教育論を支える芸術論

教育（授業）は芸術に満たされていなければならない、そうシュタイナーは著書や講演の中で繰り返し述べている。一見して明らかなように、フォルメン線描やオイリュトミーといった独自の芸術的実践がカリキュラムのうちに組み込まれ、最終学年では12年間の学びの集大成として卒業演劇が実施されるなど、芸術活動が日々の学校生活の中で、極めて重要な位置を占めている。

けれども、「授業を芸術で満たす」とは、単にカリキュラムを美術や音楽などの芸術科目で満たすことを意味するのではない。そうではなく、「国語、算数、理科、……をはじめとするすべての科目の授業を、絵画・造形あるいは音楽的なものを存分にとり入れて展開すること」[5]を意味している。

では、シュタイナーは授業を芸術で満たすことで何を目指したのだろうか。あるいはそもそも、彼にとって芸術とは何だったのか。

シュタイナー学校は芸術家を養成する学校ではない。絵を描いたり、歌をうたったりすることで、子ども達の感受性をはぐくむことももちろん重要だが、そればかりが目指されているわけでもない。単に授業が音楽や絵画で満たされていることをもって、シュタイナー教育を芸術教育とみなすならば、それは表層的な理解にすぎないばかりか、大きな誤解とさえいえる。

この点を理解するにあたって、そもそもシュタイナーにとって芸術とは何なのかを明らかにする必要がある。芸術の定義が曖昧なまま、議論を先に進めることはできない。シュタイナーの道徳教育論の内実を読み解くことを目指す本書にとって、いささか迂遠に思われるかもしれないが、彼の芸術論を読み解く作業を行っておく。

3. シュタイナーにとって芸術とは何か──感覚的＝超感覚的なものの表現としての芸術

芸術に関するシュタイナーの定義を見てみよう。彼は講演『感覚的＝超感覚的なものと芸術によるその実現　Das Sinnlich-Übersinnliche in seiner Verwirklichung durch die Kunst』（１９１８年）において、芸術の本質に関し、以下のように記している。

「芸術の本質は、感覚的なものを表現するのでも、超感覚的なものを表現するのでもなく、感覚的＝超感覚的なものを表現するのです。感覚的なものの中に超感覚的な体験が直接映し出されているのです。感覚的でも超感覚的でもなく、ただ感覚的＝超感覚的なものだけが芸術を通して実現されるのです[6]（傍点筆者）」

シュタイナーは端的に感覚的＝超感覚的なものを表現することが芸術の本質だと述べる。では感覚的＝超感覚的なものとはいったい何なのだろうか。「感覚的」と「超感覚的」を直列に結んでいるじつに不思議な術語である。「超感覚的」などといった言葉を目の当たりにすると、超能力のような、凡人には理解不能な次元がここで想定されているように感じられるかもしれない。だが、シュタイナーが目指しているのは、浮世離れした世界の話ではない。

感覚的＝超感覚的なものというタームは、ゲーテに由来する用語である[7]。ゆえに、シュタイナーの芸術論を読み解くカギを握るこの語を読み解くには、ゲーテの思想を参照しておく必要がある。シュタイナーは芸術について語る際に常にゲーテの自然観・芸術観を念頭に置いていた。

シュタイナーが27歳の時に行った講演『新しい美学の父　ゲーテ Goethe als Vater einer neuen Ästhetik』（１８８８年）以来、彼の芸術論の基底には絶えずゲーテの存在があった。１９０９年、初版から20年の年月を経て『新しい美学の父　ゲーテ』第2版が刊行されるにあたって、シュタイナーは次のように述べている。

「20年以上も昔の私の著述を、今一文も変えずに出版するのは、正しいことなのだろうか。私の霊学上、人智学上の仕事の中に考え方の変化を見ようとする人がいるのだから、こういう言い方が許されるであろう。—今この講演録を読み返して、そこに展開されている考えは、人智学の健全な下部構造（ein gesunder Unterbau）であるように思える、と。それどころか、まさに人智学的な考え方こそ、この講演録の思想を理解するのに最もふさわしいとさえ思える[8]（傍点筆者）」

シュタイナーは四十八歳の時点から振り返ってみても、二十代後半で行った講演内容に対し、加筆修正を行う必要性を感じなかったという。つまり、シュタイナーの芸術論は彼の思想形成における通奏低音ともいえるのであり、人智学の基盤をなすものと考えられるのである。また、本講演はゲーテの芸術論について言及したものであり、シュタイナーはゲーテの芸術論分析をつうじて、ゲーテの芸術論を拠り所としながら、自らの芸術論を展開している。ゆえにゲーテの芸術論こそ「人智学の健全な下部構造」とみなしうるものであり、人智学の根底にはつねにゲーテの芸術論が潜在していたのである。人智学の土台にあるゲーテの芸術論を読み解くことは、人智学そのものを読み解く上で必要不可欠の作業ということになる。

4．ゲーテの芸術論を支えるゲーテ自然科学

では、シュタイナーはゲーテの芸術論をどのように捉えていたのだろうか。そしていかなる意味においてゲーテの芸術論は人智学の下部構造といえるのだろうか。ここでシュタイナー教育におけるゲーテ芸術論の位置づけを読み解くにあたっては、さらにその一歩先まで見通すことが重要だ。つまり、ゲーテ芸術論のうちに潜在しているゲーテの自然科学研究に目を向ける必要があるのだ。

あまり知られていないことだが、若きシュタイナーはゲーテの自然科学研究に没頭し、ゲーテの自然科学を基盤に据えて自身の哲学を構築しようとした。詩人として知られるゲーテがなぜ自然科

学研究に没頭したかといえば、ゲーテにとって自然の認識と芸術的創造は地続きのものだったからである。詩人ゲーテが自然科学研究を行っていたという事実は、一見すると不思議に感じられるが、そこには必然性があるのだ。

ゲーテは「自然からその公然の秘密を打ち明けられ始めた人は、自然の最もふさわしい解釈者である芸術への抑えがたい憧れを感じる」と述べている。シュタイナーはこの言葉を度々引用し、こうしたゲーテの言葉に賛同している。

話が少々入り組んできた。一度立ち止まって議論を整理しよう。本書の課題は①シュタイナーの道徳教育論を読み解くことにある。②だが、彼の道徳教育論を読み解くには、それと不可分の関係にある、シュタイナーの芸術論を解読する必要がある。③シュタイナーの芸術論はゲーテの芸術論に裏打ちされている。④ゲーテの芸術論を解き明かすには、その基盤となっているゲーテ自然科学研究にまで遡って検討する必要がある（シュタイナーの道徳教育論↓シュタイナーの芸術論↓ゲーテの芸術論↓ゲーテ自然科学研究）。

ここからは④を起点として、④↓①へと遡りながら議論を進めていきたい。この作業をつうじて、シュタイナーにおける道徳教育と芸術教育の関係性を解き明かすカギが見つかるはずである。

5. ゲーテ自然科学研究の意義

予め留意すべきは、シュタイナーにとってゲーテ自然科学研究の学説的妥当性が重要だったわけではないという点である。ゲーテの自然に対する態度、彼の自然観察の方法こそがシュタイナーにとって最大の関心事だった。

シュタイナーは、ゲーテ的自然観の対極にニュートン的な近代的自然観を位置づけている[9]。近代の自然観は自然を無機的な機械として捉え、「自然からその生命を奪い取ってしまった[10]」。「自然を対象化し、自然を質のない物質[11]」とみなしてきた近代的自然観は、シュタイナーにとってありのままの生きた自然ではなく、死せる自然の把握にすぎないと思われた。そうした近代の自然観と対比しつつ、彼はゲーテ的自然観を高く評価している。

「私は現代の理念の世界の貧しさについて語り、それに対置させて、ゲーテの理念の世界の豊かさとその充実を示してきた。ゲーテの思想の中には、現代の自然科学が熟成させなければならない萌芽がある。ゲーテの思想は、現代の自然科学にとって手本となる筈である。現代の自然科学は、ゲーテよりもはるかに多くの観察の材料をもっている。しかし、これらの材料に、現代の自然科学は貧しい不十分な理念の内容しか盛り込むことができていない」[12]

シュタイナーは、生ける自然を捉えるためにはゲーテの自然観が必要であること、現代の自然科学は、ゲーテを基礎としつつ発展させてゆくべきであると訴え続けた。

では、シュタイナーが高く評価したゲーテ的自然認識の特徴とは何なのか。ここではその特徴をおさえておくことにする。

ゲーテ的自然認識の最大の特徴は、彼が直観を重視した点にある。直観（Intuition）は自然を単に漠然と眺める（sehen）ことではなく、注意深くじっくりと視ること、すなわち注視を意味している。直観によって注意深く見つめれば、自然はその秘密をおのずから開示するとゲーテは考えた。[13]

けれども、学問の世界で直観は蔑視され、それが学問的価値を有するのは、科学的に証明された場合に限るとされてきた。

つぎに直観の内実を紐解いていこう。哲学の歴史上、数多くの思想家が直観という概念に注目してきたが、実のところ、この語を用いる思想家ごとに直観の意味内実は大きく異なっているため注意が必要である。ゲーテのいう直観が何を意味するか、丁寧にみていくことが求められるのだ。

ゲーテ的な直観の内容を理解するために、ここでは直観を対象的思惟 gegenständliches Denken

と置き換えて理解することにしよう。[14] 対象的思惟とは、自然に寄り添いつつ、対象を認識する方法である。自然を内側から理解し、対象そのものと一体化する認識のありようである。ゲーテは対象的思惟のうちに直観の本質をみている。

対象的思惟によって、我々は生きたものを生きたまま捉えることが可能となる。対象に寄り添い、対象と同期してしまえば、内側からそれをつかみ取ることができるからだ。「相手の身になって理解しましょう」というフレーズは使い古された表現ではあるが、単に外側から「相手の気持ちを想像してみる」のではなく、そのものになりきって対象を内側から把握する認識の方法である。

我々はしばしば、固定観念や先入観にしばられることで、対象のありのままの姿をとらえ損ねている。固定観念や先入観は、生きたものを生きたまま捉えることとは、およそ正反対のあり方である。対象を既存の枠にあてはめ、「〇〇とは〇〇である」と決めてかかることは、ゲーテ＝シュタイナー的なありようからはほど遠い姿勢である。生きた存在は、刻々と変化してゆく。そうした変化に寄り添い、対象を生け捕りにすることこそがゲーテ的自然認識の根本課題なのであった。

生きた存在を生きたまま捉えることを目指すゲーテ的自然認識は、芸術的創造行為のための必要条件となる。「認識行為と芸術的行為の共通の基盤とは、造られたものとしての現実に対して人間が自己自身を製造者の位置に引き上げることである。そこで人間は創造されたものから創造へと、

偶然性 (Zufälligkeit) から必然性 (Notwendigkeit) へと昇っていく[15]」、そうシュタイナーは述べる。自然認識においては、直観をつうじて、自然のうちに生きて働く法則性に到達することが求められる。この生きた法則性こそ「超感覚的なもの」である。また、芸術的創造行為が目指すべきは、自然そのもののうちに内在する法則性にアクセスし、それを表現することである。

このようなゲーテの根本態度は、盟友シラーによって見抜かれていた。1794年8月23日のゲーテ宛て書簡において、シラーは次のように述べている。

「あなたは個々のものに光を当てるために、全自然を統合します。あなたは自然の様々な現象の全体の中に、個体の解明の根拠を探しています。あなたは、最終的に万物の中で最も複雑な存在である人間を遺伝学的に、全自然構造の素材から構築するために、あなたは素朴な有機体から徐々により複雑なものへと昇っていきます。あなたは自然の中で、自然をいわば追創造する (nacherschaffen) ことによって、自然の隠された技法に精通しようと努力されています[16]」

シュタイナーも指摘するとおり、この追創造 (nacherschaffen) という術語こそが、ゲーテ的世界観の要諦をなしている。直観を通じて、自然の創造行為に能動的に関わることが求められるのであり、その際には、対象と一体化し、内在的に創造行為に関わることが不可欠となる。自然のうちに生きて働いている法則性を、直観によって能動的に汲み取って表現することができれば、追創造が実現される。自然の創造への参加が人間自身の力で果たされるからだ。

6. 自然認識から芸術的創造へ

かくして、シュタイナーによって自然認識は、芸術的創造活動と地続きのものとなる。芸術家であるゲーテがなぜ自然科学研究に従事したか、その所以はここにある。自然認識の際に必要とされる認識は、芸術的創造においても必須のものである。シュタイナーはこの点をめぐり『ゲーテの世界観』において次のように述べている。

「ゲーテが自然の認識を得るための活動は、本質的には芸術的な活動と何ら異なるところがない。二つの活動は互いに混じりあい、互いに理解しあう。…芸術的な作品において、自然の造化の中に含まれているのと同じ合法則性を表現にもたらすことが多くあればあるほど、その作品は完璧であり、それは自然の創造に対応している。…それ故に、芸術的な創造の能力もまた、自然を認識する能力と本質的には何ら区別されるところがない[17]」

ゲーテ＝シュタイナーは、自然の創造と芸術的創造を同一視し、両者を不可分のものと捉えた。ゲーテは自然認識において、自然のうちに生きて働いている法則性を直観的に掴み取っていた。個々の有機体を観察する中で、徹底的に個物のうちにとどまり、そのうちに生きて活動している法則性、すなわち超感覚的なものを見出したのである。ただし、ここにおける法則性とは創造的多様性（メタモルフォーゼ）を内に含むものである。シュタイナーの言葉に耳を傾けてみよう。

「ゲーテは現実から逃避して、現実とは無縁の、抽象的な思想世界を自分の内部に創造する、という方向をとりません。反対です。彼は現実の中に沈潜します。そしてその永遠の変化、その生成と運動の中に、不変の法則を見つけ出そうとします。彼は個体に向き合い、個体の中に原像を看取しようとします。ですから、彼のこころの中に現れた原植物、原動物こそがゲーテにとっての理念、動物・植物の理念にほかならなかったのです。理念は「灰色の理論」に属する、空虚な一般概念のことだったのではありません。豊かな具体的内容を持った生命存在の本質的な基盤のことであり、生きいきした、見えるものだったのです[18]」

原植物、原動物は動植物の典型的な姿に近く、しかも現実界に見られる多様な動植物の姿を内包し、それらの姿に変容する可能性を含んでいる。原植物、原動物はあらゆる動植物に共通して見られる中核であり、多種多様な生物は、それが外的にあらわれたものである。[19]

ゲーテは、有機体の認識に際し、常に現象の内に永遠なるものの作用を見てとった。イェーナの自然科学研究協会の会合の後で交わされたシラーとの有名な対話はこのことをはっきりと物語っている。有名なエピソードを紹介しよう。ゲーテは、あらゆる個々の植物の内にあって常に生き続けている本質たる象徴的な植物、原植物を描いて見せた。[20]それを見たシラーは、「それは経験ではなく、一つの理念だ」と述べたことで、ゲーテを不快にさせた。ゲーテにとって理念は、事物の中で絶えず生きて作動していると考えられていたのである。

高橋義人も指摘しているように、ゲーテとシラーがたとえ精神的に大きく歩みよったとしても、両者のあいだには決して超えられない間隙があった。[21]高橋は、カッシーラーを援用し、彼の普遍性をめぐる二類型、すなわち、「抽象的普遍　abstrakte Allgemeinheit」（種の区別を一切無視する）と「具体的普遍　konkrete Allgemeinheit」（すべての種の特殊態を内に含み、ある規則にのっとって特殊を展開する）のうち、ゲーテが目指したのは、後者であったことを強調している。[22]抽象概念によっては、高度に多様な生の諸相を捉えることは不可能だとゲーテは考えた。

したがって、ゲーテにとって、理念とは、空虚な一般概念ではないのだ。彼にとって理念とは、豊かな具体的内容を持った生命存在の本質的な基盤である。永遠の変化、その生成と運動の中にある不変の法則、すなわち生きた法則性をつかみとることが彼にとっての課題だった。ゲーテにおける理念とは単なる抽象ではなく、絶えず現象化するものである。

我々は抽象的な理念や自然のうちに働く法則性そのものを、抽象的なままつかみ取ることはできない。ここにおいて徹頭徹尾、空虚な理念ではなく、生きた理念の把握が目指されている。我々はあくまでも個体のうちに現れ出た具体的な理念をつかみ取ることができるだけである。理念や法則性は、現実のうちに生きて作用している。ゆえに我々は理念そのものを把捉するのではなく、個物のなかで生きて作用する理念を認識することを目指すべきなのだ。シュタイナーは芸術作品について論ずるなかで次のように述べている。

「真の芸術作品は理性と感性、精神生活と外的形式とを完全に一致させる。感覚的なものは単なる表現手段にすぎないにしても、精神的なものも感性形式を通してでなければ、芸術作品の中で自己を表現できない。したがって創造する芸術家は精神の中に生きている。しかしその生き方はまったく感覚的な仕方においてなのである。すべての精神内容は芸術家を通して、感覚的に知覚し得るものとなる。そして美的生活に没頭するものは、外的な感覚による知覚活動を行っているとはいえ、彼が知覚するものはまったく精神化された感覚形式なのである。そこには精神と感覚の調和が働いている。感覚形式は精神の高みにまで引き上げられ、精神内容は感覚的明瞭性において自己を啓示する」[23]

精神的なもの（超感覚的なもの）は感性形式（感覚的なもの）を通してでなければ、自己を表現できない。感覚的なもののうちに超感覚的なものの現れを発見し、それを表現することが芸術家の使命となる。ゆえにシュタイナーは感覚的＝超感覚的なものの表現こそが芸術の本質だと主張した。感覚的なものと超感覚的なものが直列に結ばれるのは、両者を切り離すことが不可能だからである。自然において、超感覚的なものは生きた法則性として常にすでに作用している。超感覚的なものは感覚的なものから切り離されて存在するわけではないのだ。同様に、芸術においても感覚的なものの中で超感覚的なものを表現することが求められる。普遍的な法則性は感覚的なものの中に宿っている。超感覚的なものを表現するために現実を超え出ていく必要はないのだ。こうしたシュタイナーの考えは次のような図のうちにまとめることができるだろう。本書における入り組んだ議論を整理するための補助線として次の図式を参照してほしい。

シュタイナーはひとまず、便宜上、感覚的世界と超感覚的世界を分けて捉えている。だが、超感覚的世界は感覚的世界から遊離して存在しているのではなく、その働きかけは感覚的世界のうちに常に作用している。二つの円を循環する矢印がそのことを示している。ゲーテ＝シュタイナーにとって、自然を上の円（感覚的世界）のみで捉えることは死せる自然の把握に過ぎない。生きた自然を捉えるためには、自然のうちに絶えず現れ出ている超感覚的なものの作用を掴み取る必要があるのだ。そして、自然を二つの円の循環の相で捉えるには、直観が必要なのであった。つまり、上下二つの円の交点に直観が位置づく。二つの円をつなぐ役目を直観が果たすのだ。直観を磨くことがなければ、我々は上の円にとどまったままである。直観を通じてはじめて、我々は生きた自然を生きたまま捉えることが可能となるのである。

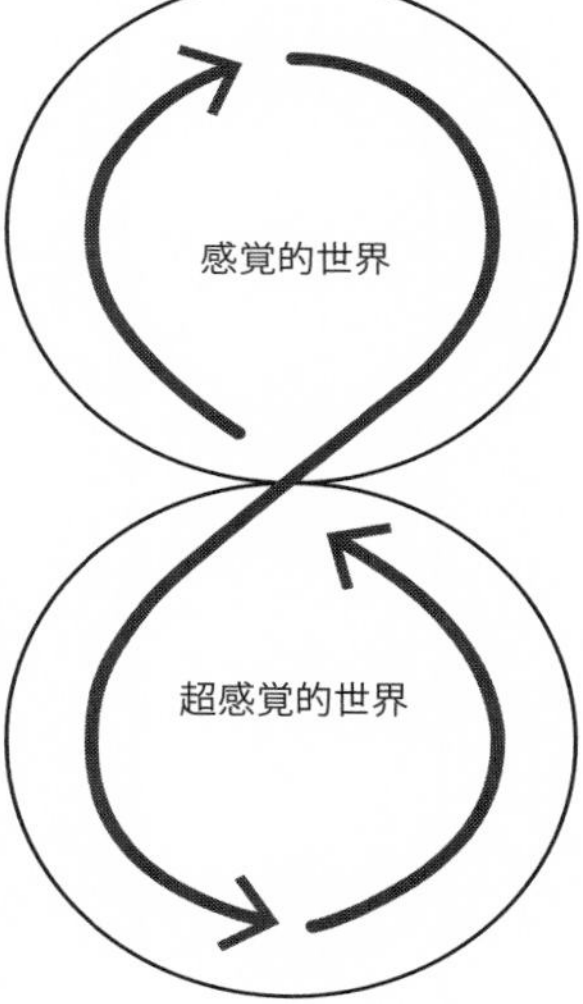

これは芸術においても同様である。芸術的創造においても、人間が自らの力で二つの円をつなぐことが求められる。繰り返すが、最も重要なのは、二つの円の絶えざる循環である。感覚的世界に深く沈潜することで超感覚的世界が拓かれ、超感覚的世界が拓かれることにより、感覚的世界が躍動する。循環する矢印はそのことを示している。シュタイナーは芸術とは感覚的＝超感覚的なものの表現である、と定義したが、二つの円の循環を作品のうちに映し出すことこそが芸術的表現の目指すべきところなのである。

シュタイナーの芸術論は、以上のようなゲーテの思想を基盤にして打ち立てられたのであった。ここにきてようやく、道徳論へと橋渡しをするための準備が整った。次節においてシュタイナーの道徳論へと議論を展開していくにあたり、ここまでの議論を総括しておく。現時点までの議論は以下のように要約可能である。

①シュタイナーの道徳教育論を読み解くには彼の芸術論を参照する必要がある。
②シュタイナーの芸術論は人智学の下部構造である。
③シュタイナーにとって芸術とは感覚的＝超感覚的なものの表現である。
④シュタイナーの芸術論はゲーテの芸術論を基盤に据えている。

⑤ゲーテの芸術論はゲーテの自然科学研究と不可分である。
⑥ゲーテ的自然認識の要諦は直観をつうじて感覚的＝超感覚的なものを認識することにある。
⑦ゲーテの芸術論の要諦は直観をつうじて感覚的＝超感覚的なものを表現することにある（自然の追創造）。

シュタイナーはゲーテの芸術論およびその基盤をなすゲーテの自然科学研究を下敷きにして、自身の芸術論を打ち立てた。本章で引用した「芸術の本質は、感覚的なものを表現するのでも、超感覚的なものを表現するのでもなく、感覚的＝超感覚的なものを表現する」という一節は、ゲーテの芸術論・自然科学研究にまで遡ることで始めてその真意が明らかとなる。直観をつうじて感覚的＝超感覚的なものをつかみとり、それを表現することこそが、シュタイナーの芸術論の本質なのである。本節ではシュタイナーにおける芸術の内実解明を試みたが、いよいよこれまでの議論を足がかりとして、彼の道徳論へと議論を進めていくことにする。

7．シュタイナーにとって道徳とは何か

そもそも、シュタイナーは道徳をいかに捉えていたのであろうか。シュタイナー思想においては、

道徳の内実そのものが、我々の常識的なイメージ、たとえば学習指導要領等で規定されている4つの項目からなる道徳の内容[24]などとは大きく異なる。まずはシュタイナーによる道徳の定義を参照しよう。シュタイナーは道徳について端的に次のように述べている。

「この世に神を顕現させることができること——これこそ真の道徳であります。自然のままで道徳に至ることはないのでありまして、人間の「自然」を自然を越えて高めるもの、人間の「自然」を神的、精神的な存在で満たすもの、これによってのみ人間は道徳に導かれるのであります。宗教的行為によって、神の精神に身を委ねる時得られる人間を超越した直観によってのみ、人間は真に最も内奥から神に鼓舞された道徳に満たされるのであります[25]（傍点筆者）」

道徳を「この世に神を顕現させることができること」と規定するシュタイナーの主張は極めて独特である。ここで右記引用と『オックスフォード教育講座』におけるシュタイナーの主張とを比較してみよう。するとシュタイナーにおける真の道徳の実現と彼にとっての教育の課題の関連性が明らかとなる。次の引用では、シュタイナーが教育そのものについて論じているのであるが、そこで論じられているのは彼が道徳について語った右の引用とほぼ等しい。

「私たちはけっして、自然の秩序にのみ従ってよいのではなく、より高次の神的な宇宙秩序に自分を適合させていかなければならないのです。私たちが真剣に教育に取り組もうとする際には、私たちの魂の満足のために神を認識する、というだけでは足りないのでありまして、神とともに意志し、神の摂理に基づいて行動することが、私たちに課されることになるでしょう[26]」

つまりシュタイナーにとっては、真の道徳の実現と教育に際して目指すべきことは一致している。右のふたつの引用を重ね合わせるならば、シュタイナー教育の目的は道徳的な人間の育成にあるとさえいえるのである。もっとも、その目的は「この世に神を顕現させる」という極めて独特なものではあるが。

そしてここにおける道徳の実現はシュタイナー人間形成論における最重要課題である自由の獲得と不可分のものである。右の引用をさらに読み解いていこう。前提となるのは自然の秩序を越えた高次の宇宙秩序の認識およびそれとの適合である。人智学をふまえるならば、ここでシュタイナーが述べる「人間の「自然」を自然を越えて高めるもの」、「人間の「自然」を神的、精神的な存在で満たすもの」とは超感覚的なものに帰属するものといえよう。つまり「この世に神を顕現させる」という彼独自の道徳的規定は超感覚的なものの認識と不可分のものと理解すべきである。つまり、シュタイナーの道徳教育が目指すところを把捉するためには、この超感覚的なものの認識という課題を避けて語ることはできないということになる。

ここで注目すべきはシュタイナーが道徳的行為を個人の創造と見なしている点である。彼は人間が直観をつうじて神に鼓舞された道徳に満たされ、「自己体験された道徳でもって地上の生を鼓舞すること[27]」の必要性を訴えたうえで次のように述べる。

「かくしてこそ、人間は再び道徳意識が脈々と流れ、直接の道徳的衝動に満たされた生の具現者となることができるでありましょうし、道徳は個々人の創造となり、宗教と道徳を結ぶ最後の架け橋が形成されることでありましょう。かくしてこそ、古の人々が儀式の際体験したあの直観が現代の形において生み出されることでありましょう。かくしてこそ、現代の宗教体験によって人間は現代に適合した道徳的状況を創造することができるでありましょう[28]」

一回限りの個別具体的な状況において、この私がどうふるまえばよいか。既存のルールに従うのではなく、直観に従って自ら道徳的行為を創造するのである。

8．直観の道徳的行為への応用――道徳的直観をめぐって

つまり、自然認識と芸術的創造の際に必要とされた直観が、今度は人間が道徳的行為を行う場面に応用されることとなる。ここにシュタイナーの独自性を見てとることができる。シュタイナーはゲーテ的自然認識を人間の自己認識へと応用し、独自の体系を築き上げたのである。

シュタイナーの哲学的主著『自由の哲学』を参照しながら議論を進めよう。

人間が行為の動機を自分で生み出せない場合、彼はそれを外部の権威などから与えられることとなってしまう。「感覚的本能にのみ身をゆだねる人間は獣のように行動する。自分の感覚的本能を他人の思考の下に置く人間は自由を持たずに行動する。倫理的目標を自ら創り出す人間であって初めて自由に行動していると言える[29]」と彼は述べる。

ゆえに、「おまえの根本命題がすべての人間にも当てはまるような行動をせよ」というカントの命題は、シュタイナーにとって「すべての個的な行為を死へ追いやる」ものといえる[30]。「すべての人がやるような行動の仕方が私にとっての基準なのではなく、個々の場合に何をしたらいいのかが問題なのである[31]」。刻一刻と移り変わる状況の中で、自らの力で最適解を導き出し、実行することをシュタイナーは求めている。誰かから命じられて行動するのではなく、自らに従って生きる。ここにおいて、道徳的な人間であることと自由な人間とは同一のものとなる。

こうした道徳観を、シュタイナーは倫理的個体主義（Der ethische Individualismus）と名づけている。倫理的個体主義は、個々人が自らの根本的動機を認識し、各々の文脈・状況に応じて理念的総体から表象を生みだすことを善しとするものだ。この点についてパーマーは次のように述べる。「シュタイナーは、個人と、個体性に由来し、個体性に基づく道徳を、人間社会がその上に築き上げられるべき基盤として見ている[32]」と。

『自由の哲学』におけるこうした主張は、恣意的な欲求のままに生きることを肯定するものと受け取られるかもしれないが、それは、決して自己本位的なものではない。ここにおいて各々が文脈・状況に応じて行為する際に、またしても直観が求められることとなる。

「私が行為している間、道徳原則はもっぱら直観となって私の中で働いている。そうでなければ、その道徳原則は私を突き動かさない。それは私が行為を通して実現しようとする対象への愛と結びついている[33]」

直観を通じて他者に徹底的に寄り添い、他者と内側から同一化することが、右の引用では対象への愛と言い換えられる。そして最終的に倫理的個体主義に基づく道徳的行為は自由と同一視されることとなる。「他人の意志を理解しつつ生かすこと、これが自由な人間の基本命題である[34]」とシュタイナーは述べる。我々は自由を獲得するにより、他者をも活かすことが可能となる。私自身の自由と他者の自由がぶつかり合わないのである。

今井が述べているとおり、「一人ひとりの道徳的直観によって状況に応じた最善の行動を見つけて行動すること、これこそが、真の自由なる最高度の行動である」[35]といえるのだ。

個々の行為のうちに道徳原則、すなわち超感覚的なものを現出させることがまずもって必要である。ここでの道徳原則は、決してカント的な道徳を指すのではなく、個々の行為のなかで生きて働いている道徳原則を指す。直観をつうじて、その都度、個別一回限りの状況において、道徳原則を生きた形で顕現させるというありようが重んじられているのだ。つまり、個別的な行為のうちに道徳原則が生きた形で刻み込まれる。道徳原則という超感覚的なものが、我々の行為の中で具現化されるのである。磨き上げられた直観をつうじて、生きた他者にも、そして自分自身にも寄り添うことができる。

ではこうした彼の道徳論は、いかなる思想的背景から導き出されたのだろうか。その出自を探る上での手がかりもまた、シュタイナーの『自由の哲学』の内に記されている。道徳的想像力について論じた箇所において、シュタイナーは、私たちが道徳的に行為するためには自然科学の知識が必要であると述べている。

「道徳的に行動するためには、行動範囲の諸事情をよく知っていなければならないが、特によく知っておく必要があるのは、自然の法則である。必要なのは自然科学の知識であって、倫理学の知識ではない[36]」

道徳的に行為するために必要なのは、倫理学の知識ではなく、自然科学の知識である。このようなシュタイナーの主張は一見するところ、謎に満ちた表現といえる。だが、本章での議論を踏まえ、自然認識、芸術的創造、道徳的行為を不可分のものとみなすならば、この引用の意味も明らかになるだろう。道徳的行為を可能にするのは、自然認識の際に求められる直観の作用なのだから。

9．道徳的人間＝自由な人間

ゲーテ自然科学において直観は生きた自然を認識する際に不可欠であったが、その直観はそのまま道徳的行為の場面でも必須のものとされるのであった。そして、さらに直観は自由獲得に直結する課題に向き合う際にも求められる。その課題とは自分自身を知ること、すなわち、自己認識である。自分自身を知ることは、シュタイナー思想において自由獲得のための必要条件である。自分自身を知ることによってはじめて、自分に従って生きることが可能となるからだ。

「汝自身を知れ」。この哲学的課題は直観をつうじてはじめて達成可能なのである。絶えず変化する私という存在そのものの姿を直観によってつかみ取るのである。生きた自然を把握するために必要とされる直観が、生きた私を捉える際にも求められるのである。生きた自然が把捉できれば、そこで用いた直観を自分自身にもむけてみることで、今度は自分をも理解することができる。シュタイナーにとって直観は、「一度それが得られたならば、生きいきとした精神生活そのものの一部となりうるもの[37]」とされる。

これをわが国の学習指導要領の内容項目に照らして整理するならば、「D 主として生命や自然、崇高なものとのかかわりに関すること」の基盤のうえに「A 主として自分自身に関すること」が位置づくことになる。自然認識から自己認識へ。この順序は極めて重要なのだ。自然認識の段階を経ずして、自己認識に至ることはできない。そして、自己認識が達成されなければ、自由を獲得することもできないのである。故にその土台を形成する自然認識という課題は、シュタイナー教育において極めて重要となるのだ。

10. 自然認識、芸術的創造、道徳的行為の連関

こうして自然認識、芸術的創造のつながり・連続性が、道徳的行為へと拡大され、三者が接続さ

れることとなる。自然認識、芸術的創造、道徳的行為の三者はすべて、直観と感覚的＝超感覚的なものという二つの概念によって串刺しが可能である。自然認識においては、個物のうちに生きた理念を見出すこと、つまり感覚的なものの中に、自然の法則を発見することが目指されていた。

また、芸術的創造においては、直観をつうじて感覚的＝超感覚的なものを表現することが求められた。超感覚的なものはそれ自身、自らを顕わにすることができないが、超感覚的なものは感覚的なものをつうじて表現される。

さらに道徳的行為においては、直観をつうじて、個々の行為の中で道徳原則を具体化することが必要とされた。そうした状態をシュタイナーは自由の実現状態と同一視し、ここでもまた、個々の行為のうちに生きた道徳原則を現出させることが目指されるのであった。それは、感覚的＝超感覚的なものの実践といえる。

こうして、自然認識、芸術的創造、道徳的行為の関連が明らかとなった。三者の連関を図式化したのが左図である。

三者の関係は以下のように要約できる。

①直観をつうじて、自然認識においては感覚的＝超感覚的なものを発見する。
②直観をつうじて、芸術的創造においては感覚的＝超感覚的なものを表現する。
③直観をつうじて、道徳的行為においては感覚的＝超感覚的なものを実践する。

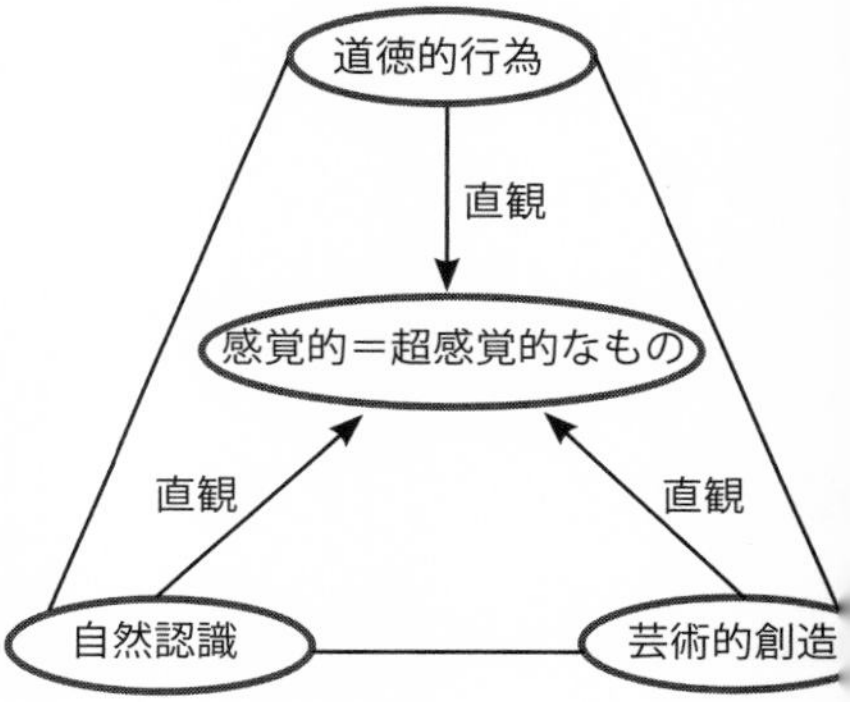

さて、本節においてシュタイナー思想における、自然認識、芸術的創造、道徳的行為の連続性が明らかとなり、道徳の位置づけおよび道徳と芸術の連関が示された。シュタイナー学校のカリキュラム全体はこの三位一体の図式をベースとして理解すべきである。シュタイナー教育では、なぜ自然や芸術が大切にされるのか。その理由は三者のうちに連続性を見出すことで明らかとなる。

次にいよいよ議論をシュタイナーの道徳教育論へと展開してゆくことにしたい。シュタイナーの道徳論において感覚的＝超感覚的なものを実践することが目指されているわけだが、シュタイナー学校における実際の教育現場では子どもにいかなる働きかけがなされているのであろうか。次節ではこの点を明らかにしていきたい。

11. 道徳教育における権威の必要性

シュタイナー思想における道徳的行為の内実は特殊である。シュタイナー教育では、外側から押しつけられた「○○せねばならない」といった命令に従う従順な子どもを育成することが目指されているのではない。一回限りの状況下で、その都度どうふるまえばよいか、直観をつうじて選び取ってゆく力を子どもたちのうちに育むことが課題となるのだ。では、直観はいかにして育成可能となるのだろうか。

重要なのは、シュタイナーの理論と実践が極めて密接に関連しているという事実である。前節までの内容は、実践の中で生きており、子どもたちに作用している。

すなわち、自然認識と芸術的創造がカリキュラムの土台を形づくり、道徳的な人間の形成に向けたひとつの体系を築き上げている。「あらゆる教科を芸術的に学ぶ」よう設計されたシュタイナー教育のカリキュラムもその体系の中の必然的な仕組みとして理解すべきである。たとえば、次章で紹介するフォルメン線描はゲーテ的な自然認識のためのレッスンとして位置づけられる。

これまでの議論を踏まえるならば、子どもたちのうちに直観を育むことがまずもって重要となるわけだが、この課題を果たすことは決して容易ではない。彼らが将来的に自由を獲得するためには導き手が必要となる。その導き手こそ、教師である。何もせず放っておいても子どもたちの直観が育まれるわけではない。とりわけシュタイナーが強調するのは教師の権威の重要性である。

「人生の第二期に、自分の教師の自然な権威に完全に身を委ねて成長することができなかった人間は、後の人生において道徳的自由を正しく使いこなせるように成長して行くことはできない。このことはすべての教育や授業に通用するが、とりわけ道徳的なものに顕著にあらわれるのである。尊敬する教育者の影響のもとに、子どもは何が良いことで、何が悪いことなのかを感じとって行く。教育者は世界秩序の代表者である。育ちつつある人間は、まず大人を通して世界と近づきにならなければならないのである[38]」

自由の獲得を最重要課題として設定するシュタイナー教育において教師の権威が重視されることに違和感を覚える読者もいることだろう。だが、ここで「権威」という語が意味しているのは、子どもたちを力で押さえつけるような権力による指導のことではない。シュタイナーが重んじる権威とは師の有するイメージに近い。すなわち子ども達が教師の魅力に惹きつけられ、自発的にそれに従うのである。

シュタイナーの発達論によれば、人は7年ごとに節目を迎えるが、そのうち初等教育段階に相当する第二・7年期は、信頼できる大人、言い換えるならば、魅力ある権威としての教師に従う必要があるとされている。シュタイナーは次のように述べる。「第二・7年期においては、高貴な意味での権威、自然な権威が先生の中からにじみ出ていなければなりません。そうすれば子どもは、私たちの傍らで、正しい仕方で、「自己教育」を行うことができるのです。自己教育において最も大切なのは、このような種類の「道徳教育」なのです[39]」。

このため、シュタイナー学校は8年間一貫担任制を採用することで一人の大人に継続して導かれるようなカリキュラムとなっている。

子どもたちが世界秩序の代表者たる教師から学ぶべきは、量的に測定可能な知識や技能というよりは、世界との向き合い方、それ自体である。子どもたちは、教師と同じように世界を見ること、教師と同じようにふるまうことが求められる。世界との向き合い方自体を子どもたちは模倣するのである[40]。

シュタイナーは、先に示したとおり「道徳教育は、教師が生徒に対して行うことのすべてに浸透しなければならない[41]」という。子どもは8年間にわたる教師との関わりの中で全人格的に教師にコミットし、教師から感覚的＝超感覚的なものを認識し、表現し、実践する方法を学ぶのである。そして教師に対して畏敬の念を持つことで、子どもは教師のあらゆる働きかけのなかから生きた道徳的な理念を受け取ることになる。

当然ながら、子どもたちは初期段階において未だ感覚的＝超感覚的なものを捉えるための素地を有していない。そこで、自然に対する教師のアプローチ、一つひとつの芸術的な教材、一回一回の教師の行為、それらの中に子どもたちは感覚的＝超感覚的なものを見出すことになる。かくして、「すべての教育や授業を道徳的なものに向けて方向づける」というシュタイナーの道徳教育論の内実が浮かび上がってくる。

シュタイナーの道徳教育論によれば、道徳のみを他教科から切り離して教え込むという方法は、不適切ということになる。信頼できる一人の教師のものの見方、表現、行為に触れる中で、子どもたちは自然と道徳的ふるまいについて学ぶことになるからである。感覚的＝超感覚的なものを直観するセンスは、シュタイナー教育全体をつうじて磨かれるものなのであり、道徳教育を他から独立させて成立しうるものではない。それはシュタイナー教育において芸術がすべての教科に浸透している事実と正確に重なる。芸術教育と道徳教育は渾然一体となってシュタイナー教育のすべての教科・活動のうちに沁みわたっている。そして、それらをゲーテの自然認識が根底で支えている構図となっているのだ。

さて、シュタイナーの道徳教育論は、教師から世界との向き合い方を学び終えた時点で完了するわけではない。目指されるのは、その先である。第二・7年期の終盤で教師の権威からの離反が目指される。権威に盲従することのない自由な人間となるためには、逆説的にではあるが、人生の適切な時期に権威に従うという経験が必要とされる。けれども、それは最終的に権威から離れるための前段階として必要なのだ。

かくして、権威に従う第二・7年期を経て、第三・7年期の自由獲得へと向かうことになる。[42]シュタイナー教育においては、最終的に「『教師』から次第に離れ、独立していくことが大切」だとされ、「最初は弟子であった者が自分の力で決断できる存在となり、認識をもとに行動する人間となっていかなければならない」[43]と考えられている。補助輪は外され、自力で自転車をこぐことができるようになるのだ。第三・7年期以降は、感覚的＝超感覚的なものを自ら発見し、表現し、実践することのできる人間へと向かってゆくのである。このようにシュタイナー教育では、子どもたちが教師から世界との向き合い方の作法を徹底的に学んだ後、ひとりで世界に向き合ってゆくための力を育むことが目指されている。

12. シュタイナー学校の授業における感覚的＝超感覚的なものの提示
―エポックノートにおける感覚的＝超感覚的なもの

つぎにシュタイナー教育において、具体的に感覚的＝超感覚的なものがいかに提示されているか、見てみよう。シュタイナーは教育においてファンタジー（Phantasie）が必要不可欠であることを繰り返し強調している。「教師は、教材を自分の中で生命豊かに息づかせていなければならず、教材をファンタジーで充満させていなければなりません」[44]と彼はいう。感覚的=超感覚的なものの提示に際してはファンタジーが最良と考えられているのだ。ファンタジーを用いる際には、一回ごとに教材を新鮮な形で子どもたちに提示せねばならない。[45]

感覚的=超感覚的なものは、一回限りの個別・具体的なファンタジーの中でのみ現出する。[46]したがって、刻一刻と移り変わる状況に応じてその現出の仕方も異なっているため、その都度、その場に即した形で子どもたちに働きかけねばならないというのである。

そうしたシュタイナーの教育理念はシュタイナー教育の至るところに浸透している。ここでは、国語と算数のエポック授業を例に挙げたい。[47]

口絵1は小学校1年生の国語のエポックノートであるが、画面の右側には「S」の字が、左側には「S」にまつわる具体的なイメージが描き出されている。国語のエポック授業において、教師が「S」に関する物語を話し、そのうえで具体的なイメージをつうじて生きた「S」を学んでいく。ファンタジーの中で生きた理念が子どもたちに示され、子どもたちは教師が黒板に描いた図柄をそのままノートにかき写す。算数においても状況は同じである（口絵2参照）。教師が数字の「3」にまつわる物語を話し、その物語のうちに生きて働く「3」を子どもたちがつかみとる。太陽と月と私の物語をつうじて、「3」という数字の豊かな姿が子どもたちのうちに刻み込まれる。

国語と算数の授業の中で、物語をつうじて示された具体的なイメージ（左頁）と文字や数字といった抽象的な観念（右頁）が並置されているのである。感覚的＝超感覚的なものの提示である。具体的普遍が、見開き2頁で表現されている。しかもそれらが色彩豊かに芸術性を伴って子どもたちに提示されることになる。ただ単にアルファベットや数字を暗記するのではなく、生きた理念をつかみとるための訓練がこうした実践のなかで展開されているのだ。

さて、本章ではここまでの議論では、芸術を一括りにして論じ、美術と音楽を区別してこなかったが、シュタイナーは、はっきりと芸術には彫塑的・造形的な領域と音楽的・詩的な領域が存在していると述べている。[48] 第2章、第3章ではこれらを分けて論じていくことにしたい。フォルメン線描は彫塑的・造形的な領域を代表する実践といえるが、次章では、フォルメン線描がいかなる形で道徳教育に寄与するのかを見ていくことにする。そして続く第3章では、音楽を取り上げる。3章ではシュタイナー教育における音楽がどのような道徳的意義を有しているのかを論じる。

インタビュー①

教科の学びにおける道徳教育の実際

世界の美しさに触れる

井藤：シュタイナー学校では、科目としての「道徳」がないにもかかわらず、いかにして道徳教育が成立しているのでしょうか。

横山：いわゆる科目としての「道徳」の授業はシュタイナー教育では行わなくてもよいのではないかと考えています。特に外側から子どもに価値観を植え付けるような道徳教育はしなくてもよいのではないかと感じています。

ではシュタイナー教育ではいったい何を行っているのか。第二・7年期（7歳から14歳）の子どもたちは世界は美しいということがメインテーマとなって教師が子どもたちを導いていくわけなんですが、世界の美しさに触れる教育ができれば道徳教育を行わなくてもよいのではないかと思うのです。植物を見る時、例えば、朝顔が弦を巻いて生えているのを観察するとします。そうすると弦の下の方からぴょこっぴょこっと葉っぱが順番に出てきます。これは非常にリズミカルで秩序立っているので、はちゃめちゃに葉っぱが出てくるわけではないんです。あるいはバラの花を見た時にバラの花の茎を持って逆さまにしたときに萼が見えますが、萼を見ると必ず5枚なんです。りんごもバラ科なので、りんごを切ると断面から数字の5が出てきます。

つまり、世界、特に植物の世界というのは規則に満ちていると言えます。世界は無秩序な醜いものではなくて、美しいものなのだということを子どもたちはそうした規則性を発見することで目の当たりにするのです。それは、鉱物の結晶の形や雪の結晶などなんでもいいんですけれども、そういったものを調べて突き詰めていくと数多くの自然界の美しいものに出会えます。そうした美しさが世界を成立させているものだということを授業の中で子どもたちと共に体験するのです。自然界に存在するものは美しさに満ちているということを感じていきます。

このように、自然界にあるものはリズムがあって美しさに満ちている。そうしたことを小学校に入学した子どもたちが身体で学んでいくことが道徳教育の根幹だと私は考えています。また、それを伝えるのが先生の役割だと思っています。その際には先生がどのように世界を見つめているかが最も大事なんです。先生が世界を見る視点が子どもたちに深く影響します。

世界が美しさに満ちているということを日頃から感じているので、私は教師としてそれを常に探そうと努力しています。子どもたちに世界の美しさを伝えていくことができれば、子どもたちの心は豊かに育ってゆくのではないでしょうか。

世界は規則正しい、美しいルール、自然の摂理に則っている、それを学ぶことが道徳だと思うんです。ルールに則っていないものは醜い。子どもたちが世界は美しいということを知ることができれば、醜いものに対してきちんと「いやだ」「間違っている」と思える基礎の感覚が養われます。それを頭ではなく身体と心で感じることを大切にしています。

井藤：美しいものに出会うことによって、物事の美醜を判断するための基準、物差しが子どもたちの中にできあがるということですね。そして教師自身がその物差しを自分自身の中に持っていなければならないということが非常によくわかりました。

横山：このことについて具体的に話をしていく上で、1年生の授業、特に数の学びについてお話したいと思います。1年生の1学期では数字についての学びを行います。その最初の授業で「数字の1ってなんだろう」という質問を子どもたちにします。世界で1つしかないものは何かという話から始めるのです。例えば、お日様とかお月様とか、子どもたちからは色々と意見が出てきます。ひとしきり意見が出たあとで、最後に私が子どもたちのために書いたのは世界に一人しかいない自分という存在。このようにして1とは何かについて教えていきます。2になると今度は昼と夜という対を提示し、3の学びでは三つ葉のクローバー。4は四季。5はリンゴ（の断面：口絵3参照）。6は雪の結晶。

授業で子どもたちにリンゴの断面を見せたときに子どもたちからうわーっと言う歓声が上がるんですね。「わあー、きれいだ！」と。これがやっぱり道徳教育だと思うんですよ。美しいって感じること。だから、「リンゴは5でしょ」と、ただ単に言葉で伝えるのではなくて、伝え方も工夫して、リンゴをぱっと見せて子どもたちのうちに驚きや喜びが湧き出てくる方法で伝えていく。それが子どもの心の中に深く落ちていって、子どもの心が育まれることにつながっていくんです。

井藤：実際に現物を見せ、世界の美しさを子どもたちが目の当たりにすることが大切なのですね。言葉で伝えるのではなく、子どもの心を動かすような形で伝えていく。

横山：この点について、シュタイナーの重要著作『一般人間学』を見てみましょう。シュタイナーの『一般人間学』の以下の引用をご参照下さい。

「どのようにしたら、子どもの感情に良い影響を与えることができるだろうか。この問いかけにたいしては、もっぱら繰り返しの行為を通してのみ、応えることができます。何が正しいかを子どもに言うことで、子どもの意志を正しい方向に向けることはできません。今日も明日も明後日も、子どもに同じことをさせることによって、それが可能になるのです。子どもに警告を発したり、さまざまな規律を課したりすることではなく、正しさに対する感情を子どもの中に呼び起こすこと、みなさんが正しいと信じることに子どもの注意を向け、それを繰り返して子どもにやらせること、そうすることで正しい教育が見出せるのです」[49]

外側から何か正しいことを伝えるのではなく、繰り返しを通じて子どもたちを導いていくのが良いとシュタイナーは言っています。教師が正しいと信じていることに子どもたちの注意を向け、それを繰り返して子どもたちに伝えていくことで正しい教育が見出されると考えられているのです。シュタイナー学校ではこうした繰り返しが至るところで実践されています

例えば、子どもたちは朝の言葉を毎日唱えるんです。エポック授業の冒頭20分ぐらいのリズムパートでは季節の歌を歌ったり、体を使ったりします。1ヶ月間おなじことを繰り返していくわけです。そしてそれを自然に行うことで子どもたちの心を育てていくことができるとシュタイナー教育では考えられています。同じことを繰り返し行うということはリズミカルなことなのですが、なぜリズミカルなことが良いのかというと、やはり自然界というのはリズムに満ちているからだと言えます。自然界のリズムと人間の内面を呼応させることが大切なのです。

次のようなエピソードがあります。エポック授業のリズムの部分（冒頭）での歌に関する出来事なんですけれども、私が担当した1年生のクラスで2週間ぐらい同じことをやっていた時、私自身が飽きちゃったんですよ。「同じことを毎日繰り返していて、ちょっとつまんないじゃないか」って思ってしまったんですね。だから、2週間同じことを繰り返した2週目の金曜日に、「来週からは違うのやるよ」というふうに子どもたちに言ったら、子どもたちが「えーっ？？」と残念がった

んですよ。それに私はびっくりしてしまいました。「あー、子どもたちは私たち大人から見たらつまらないなぁと思えるようなことも、まだ続けたいんだー」って。繰り返しを好むということがその時、本当の意味でわかったんです。なぜ子どもたちが繰り返しを好むのかというと、子どもは同じことを毎日繰り返すことで、すごく安心できるんです。学校で毎日同じように時が流れていくことでとても安心できる。時間に対する信頼が生まれるんです。そしてそこから学校に対する安心も生まれる。そうした安心感が子どもたちのうちに育まれているなって思うんですよね。繰り返しを大切にすることで子どもたちとの信頼関係が自然と育っていくと私は考えています。

井藤：子どもたちと知的な交流を通じて信頼関係を結んでいくのではなく、あくまでも身体レベルで信頼関係を築いてゆくということですね。自然や世界と波長を合わせていくことによって、教師と子どもも自然と波長が合っていく。

横山：今の話は主に意志を育んでいく低学年の話だったわけですが、高等部（9年生から12年生）になってくると、担任ではなくて、専科の先生が、美しい世界の構造を知的に子どもたちに教えていきます。つまり、高等部になると、子どもたちの頭の部分に働きかけていくんです。そこでも、専科の先生の世界を見る目がきちんと確立されていないと世界の美しさが子どもたちに伝わっていかないわけです。高等部においてもまずは教師の心のありようがとても重要ということになります。教師がどういう眼差しを持っているのか、世界に対してどう感動しているのか。専科の先生は基本的に自分の専門を愛しているので、専門科目の素晴らしさを知っているはずです。

井藤：では、別の角度から質問をさせてください。シュタイナー教育では全ての教科で道徳教育が行われていると思いますが、数学や理科、社会など各教科の学びの中で、実際にどのように道徳教育が行われているのでしょうか。

横山：例えば、円の勉強をする場合、円自体が美しく、素晴らしいんですよ。中心から同じ距離にあるということの真理がとても素晴らしい。そう思って子どもを学びへと向かわせることがとても重要です。幾何学の分野は特に「点が三つあったら三角ができる」など、真理の宝庫です。例えば思春期の子どもたちが、数学で何の勉強をするかというと定理を学ぶことが課題となります。定理そのものはすごく美しいじゃないですか。定理というのは「絶対そうなる」ものなので非常に素晴らしい。

では、なぜ思春期に定理を教えるかということなんですけれども。思春期を迎えると子どもたちは心身ともに大きく変わっていきますよね。どうしても心が不安定になってしまいます。心も体も不安定だから、暴れたりとか生意気なことを言ったりだとか、子どもの態度が悪くなったりもします。その時に定理っていう絶対不変のものがあることで子どもたちはすがるものができるんですよね。何があっても変わらないものが世界にあるんだと言うこと。それを心が不安定な時期に子どもたちに与える。時期を選んで必要なことをやってあげるということも道徳教育につながるんじゃないかなというふうに私は思います。

例えば、社会だったら、今たまたま5年生で日本の地理についてやっているのですが、子どもたちが地理の学びをするときに、地図を描かせるんです。川を書いてゆくと川は高いところから低いところに流れていく。あるいは川が2本あったとしたら、その間は高いところが絶対にあるはず。まず川を書いて、どこが高いところかを考えてみようと子どもたちに呼びかけます。それは非常に論理的な作業となります。そうすると地図を見て地形を読み取る力が子どもたちのうちに育ってゆく。世界について論理的に把握していく力。こうした作業を通して子どもたちの中で「世界はこういう風になっているんだ」とか「水は高いところから低いところに流れるんだ」とか、川の流れの様子を見て、蛇行しているのか1本に流れているのかで地形がわかっていくわけです。そこにはやはり水というものの真理が現れているわけで。子どもたち同士で遊ぶときにダムを作ってみる子どもも出てきます。

井藤：子どもたちが自発的に好奇心を持って学んでいくのですね。

横山：あと、武田信玄が作った信玄堤についてなんですけれども。武田信玄については、私がすごいなと思うのは、甲斐の国は山が多い国なので、畑が少ないんですね。田んぼも少ないんです。国を豊かにしないと戦争には勝てないので、まずは豊かにすることが大事だと考えた。そのためには水を制すことが重要となります。そのために治水をするわけです。

信玄堤を作ったときの治水の仕方が、普通だったら川幅を広くするとか、川底をさらうとか、堤防を高くするとかして洪水を防いだりするわけですけど、武田信玄の場合は、２つの川の流れをぶつけることによって勢いを弱めるという方法を採用しました。このことを子どもたちに伝えたら、それを実際に再現してみた子どもがいました。やってみたら溢れちゃったとか言っていましたが(笑)。

教える題材そのものが真理に満ちているので、それを伝えるだけで、子どもたちの意欲が湧いてくるのです。同じく社会科の中で、歴史の分野になってくると、例えば十字軍の遠征について学んだときに、私はエポック授業の中で「なぜ十字軍が戦いに出たのか」「どういう武将がいたのか」「戦いの陣形はどうだったか」「どこに城を立てるのか」といったテーマで話してゆく中で当時の人々の登場人物の心のありようを伝えていく。やっぱり正義の味方のような人がいるわけですよ。そういう事実を伝えてゆくことが子どもの心に反映していくんです。

井藤：徹頭徹尾、その状況を子どもたちと共にいきいきとイメージして、子どもたちがテーマの中に没入するように仕向けて考えさせてゆくのですね。

横山：事実を伝えていくのは8年生までなのですが、9年生になると例えば、ナチスの問題について話をします。高等部になってくると、例えばあなたのうちの真向かいにユダヤ人の方が引っ越してきたらどうするか、君ならどうする？という問いかけをします。実際に私が授業を行った際には、「黙っている」とか「引っ越す」とかいろんな意見が出てきます。間違いはないんです。いろんな意見が出てきていいんですけれども、そういうテーマで高等部の子どもたちには考えさせます。8年生までは過去の事実を伝えてきたわけですが、9年生からは自分の頭で考えさせる。自分で考えて自分の力で人生の課題を乗り越えていくことにつなげていくのです。過去を知って、未来を作っていく。そういうことが歴史の授業では大事にされています。

教師の「権威」について

井藤：ありがとうございます。続いて、第二・7年期の子どもたちに「権威」として向き合う上で心がけていらっしゃることを教えてください。

横山：「権威」でいることとは、いばったりするとか、そういうことでは全くないんです。子どもたちからすると、「先生は私たちの知らない真理を知っている」そういう感覚を子どもたちが持てることが大切です。また、見た目に関しても子どもたちの前ですっと立つことも心がけています。また言葉遣いを丁寧にすることも。立ち方が美しい、言葉遣いが美しい、そういうことがとても重要なのです。そういうことができていないと子どもたちは先生についていこうという気持ちにはならないと思います。

また、常に学び続ける姿勢も教師には必要です。世界の美しさと出会うためには学び続けることが不可欠だからです。世界の真理を探究し続ける、高め続けるという姿勢がなければ、世界の美しさと出会うことはできません。

子どもの問題行動への対応

井藤：「権威」という言葉からは、すでに完成された存在というイメージが沸き起こってくるようにも感じられますが、シュタイナー教育における権威とはすでに何かを達成してしまった存在ではなく、教師自身が成長の途上にいる存在でなければならないのですね。では、ちょっと問いの角度をかえまして、子どもたちのうちにいじめなどの問題行動が起こった場合はどのように対処されていますか？

横山：「シュタイナー学校ではいじめはありますか」、といろいろな方からよく聞かれます。横浜シュタイナー学園は1学年、1クラス20名なので、小さなクラスでいじめがあったらたしかに大変です。クラス替えもないわけですし。ただ、いじめ自体は絶対ないとは言い切れないのですが、シュタイナー学校の中にあまりないと思っています。もちろん成長していく中でうまくいかないことも出てきます。クラスの中で喧嘩があったり意地悪があったり。成長の途上で心の不安定さゆえに様々な問題が出てくることがあります。けれども、そうした場合は子どもたちや保護者の皆さんと共に真摯に問題に向き合っていきます。

同じクラスで長い時間を過ごしてゆく子どもたち同士は兄弟姉妹のようなものです。9年生くらいになると水彩画を見ただけで、それが誰の描いた絵かわかるようになります。青色を見ただけで、この濃さは○○君だなと分かってしまうわけです。例えばあいつは数学できないけど、ここはすごいよねと言って子どもたちはお互いを認め合うことができます。

井藤：子どもたちがお互いのことを深く知っているからこそ、相手の個性を丸ごと理解できるのですね。いい面も悪い面もひっくるめて受け入れることができる。

横山：例えば算数で子どもによって計算が遅い早いがあるけれども、それはむしろ自然なことだと、1年生の頃から繰り返し子どもたちに伝えています。足の遅い早いがあるように、計算のスピードに違いがあるのも当然のことです。走るのが遅いのは悪い人?そんなことはありません。数も一緒だよ。計算が遅い人は悪い人ってわけではないよね、と散々子どもたちには伝えます。水彩に関してなど、先生が見本を示しても、子どもたちのうちに同じ絵は一つも出来上がりません。例えば、青い色を外側に描き、中心に黄色を置いていく実践について。中心の黄色がとても小さい子もいれば、外側の青が小さい子もいる。青の面積がうんと大きくなる子もいる。描いた絵をみんなで鑑賞し合ってみると、あの子は黄色が大きいねとか青が濃いねとか子どもたちから口々に感想が出てきます。みんなそれぞれいい。そういう感覚を1年生の頃から培っている。そういう心を子どもたちが持っている。どれも綺麗だねと子どもたちはいいます。そうした経験を1年生から積み上げていることがいじめが少ない要因かもしれません。

第1章　後注

1 Steiner 1977, S.23=1986　p.27

2 Ibid.= 同上

3 シュタイナー学校は12年間一貫教育のため、中学2年生に相当する学年は8年生となる

4 教育そのものを芸術とみなすシュタイナー教育は「教育芸術」を掲げている。シュタイナーにおける教育芸術の内実については柴山 2011 を参照のこと

5 広瀬 1988　p.163

6 Steiner 1985,S.111=2004　p.136

7 クグラー 1987　p.117

8 Steiner 1982,S.26=2004　pp.13-14

9「私（シュタイナー 註：筆者）の成長してきた時代の思考様式は、生命のない自然についての理念を作り上げることにしか適していないと思われた。知力によって生きた自然に接近しようとする、こうした思考方法は無力である。有機的なものの認識を抱摂し得るような理念を獲得するためには、非有機的自然の認識にとってのみ有効な悟性概念に、まず生命を吹き込むことが必要である。というのも、こうした悟性概念は死物と化しており、死んだものを把握することにしか役立たないからである」[Steiner 2000a,S.112=2001　p.111]

10 高橋 1988 p.8

11 同上 p.14

12 Steiner 1999a,S.13=1995 p.8

13 自然を注意深く観るとはいかなることか。吉澤は『植物と語る 公然の秘密の扉―ゲーテとシュタイナーに学ぶ観察法』において、ゲーテ=シュタイナー的な自然観察の方法を豊富な事例とともに紹介している［吉澤 2020］

14 この点についてゲーテは次のように述べている。「私（ゲーテ 註：筆者）の思惟能力は対象に即してはたらくというのである。…私（ゲーテ 註：筆者）の思惟はその対象から分離することがなく、対象の構成因とも言うべき直観が思惟のなかに入りこみ、思惟によって奥深く滲透され、私の直観自体が思惟に、思惟が直観になっているということである」［ゲーテ 1982 p.105］

15 Steiner 1999b,S.131=1991 p.129

16 Schiller & Goethe 2005, S.34.

17 Steiner 1999a,S.49=1995 pp.47-48

18 Steiner 1982,S.33=2004 p.26

19 ゲーテ 1982 viii頁（高橋義人による解説より）

20 原植物については本書81頁を参照のこと

21 高橋 1988 p.143

22 同上

23 シュタイナー　1983　p.13

24 学習指導要領における内容項目とは「A 主として自分自身に関すること」「B 主として人との関わりに関すること」「C 主として集団や社会との関わりに関すること」「D 主として生命や自然、崇高なものとの関わりに関すること」である

25 Steiner 1998,S.27=1985　p.34　一部改訳

26 Steiner 1990,S.15=2001　p.17

27 Steiner 1998,S.27=1985　p.34

28 Ibid.= 同上　一部改訳

29 Steiner 1963,SS.91-92.=1981　p.86

30 Steiner 2005a,S.132. =2002　p.178

31 Ibid.= 同上

32 Palmer 1975, p.xiii

33 Steiner 2005a,S.134=2002　p.180

34 Ibid.,S.138= 同上　p.185

35 今井 2012　p.61

36 Steiner 2005a.S.163=2002 p.217

37 Ibid.=同上

38 Steiner 1977,S.25=1986 p.30 一部改訳

39 シュタイナー 2003 pp.115-116

40 表層的な知識を身につけることが重要なのではなく、信頼できる教師との親密な関係のもと、直観をつうじて世界とかかわるためのセンスを磨いてゆく。ゆえにシュタイナー学校にペーパーテストがないのも必然的な帰結といえる。すべての教科が芸術に満たされているのも、知識そのものと芸術的に向き合う必要性から生じることなのだ。そこには、ある知識を単なる暗記対象として捉えるのではなく、動的に捉えるためのしかけが内在している

41 Steiner 1977,S.23=1986 p.27

42 「第三・7年期に、子どもはのびのびと個性を生かしながら、つまり自分の知性で道徳的な判断を下せるようになるのです。ちょうど太陽の光に応じて植物が花を開き、実を結ぶようにです。第一・7年期のからだと第二・7年期のこころの中で、道徳のために用意されたものが、ちょうど植物の花が開き、実が稔るように、自由に人生を生きるために目覚めるのです」［シュタイナー 2003 pp.124-125］

43 ヴェーア 1983 p.21

44 Steiner, 2018,S.228=2003 pp.288-289

45 シュタイナーは「「教師にとっての至上命令とは、汝自身のファンタジーを新鮮に保て」ということ」だと述べる。

［Ibid.,S.229= 同上　p.290］

46「自分の扱う教材の全体をファンタジー豊かに組織し、一回毎に新鮮に形づくる努力を絶えず行っていけないような人間は、良い小学校教師にはなれません。なぜかと申しますと、一度ファンタジー豊かに作りあげたものでも、これを何年後かに再現いたしますと、それは理屈が勝って冷たく凍りついてしまっているのが実状だからです。ファンタジーは、絶えず生き生きと生命を保ち続けていなければならないものでありまして、そうでなければ、ファンタジーの生み出した産物は、理屈っぽく固まってしまうのであります」［Ibid.,SS.228-229= 同上　p.289］

47 口絵1、口絵2の2枚の絵は筆者がスイスのシュタイナー学校に通っていた際に描いたものである

48 シュタイナーは、音楽と詩を同領域のものとみなしている。シュタイナー教育では詩も実践の隅々にまで存在している。「大切なのは、どんな詩を扱う場合にも、その根底にある音楽的なものに子どもの注意を向けることです。ですから授業に際しては、朗唱の勉強をできるだけ音楽の勉強に近づけるように配慮すべきです。音楽の先生は朗唱の先生とできるだけ協力して、この二つの授業を連係させ、生き生きとした結びつきが保てるようにするのです。音楽の先生が朗唱の授業に立ち会ったり、朗唱の先生が音楽の授業に立ち会ったりできれば、それは特別よい結果を生むでしょう」［Steiner 2005b,S.62=2007　p.51］

49 Steiner, 2018,S.87=2007　p.71

第2章　フォルメン線描とは何か—自然認識から芸術的創造へ

1. シュタイナー学校における道徳的基盤―フォルメン線描の目的

前章では、シュタイナー教育において、自然認識、芸術的創造、道徳的行為が三位一体で捉えられていることを示した。

本章では、シュタイナー学校における道徳教育の秘密を解き明かすべく、さらに一歩進んで、シュタイナー教育独自の実践であるフォルメン線描（Formenzeichnen）に焦点を当てることにしたい。というのも、本章で見ていくとおり、フォルメン線描は、シュタイナー教育そのものの本質を体現した実践のように思われるからである。フォルメン線描の内実を分析することで、シュタイナーの道徳教育論の本質が具体的に浮かび上がってくることになる。

フォルメン線描は、名詞フォルム（Form）の複数形と、動詞zeichnen（線で描く／素描する）が組み合わさったことばであり、しばしば略してフォルメンと呼ばれる。シュタイナー学校においてフォルメンは、通常1年生から4年生まで行われ、年に2、3回、2、3週間にわたって実施される（口絵5、6）。シュタイナーの発達論に従えば第二・7年期に相当する。線描の際には、鉛筆で描いたような細い線を描かないようにするため、主にブロッククレヨンが使用される。また、定規は使用しない。[50] フォルメン線描において、子どもたちは図で示したような様々な形をノートのうちに描き出す。速く描くことや綺麗に描くことが求められるのではない。教師はフォルメンに際して子どもたちに「ゆっくり、ゆっくり、もっと味わって」と声をかける。フォルムの生成をじっくりと味わうことが求められるのだ。できあがった作品が重要なのではなく、描きあげるプロセスそのものが最も大切なのである。

では、画面上にさまざまなフォルムを描いていくこの実践の意義とは何なのだろうか。シュタイナー教育の実践に関する一般的な解説をふまえるならば、フォルメン線描の意義は次の5点にまとめられる。①言語教育（文字学習）への導入、②幾何学の準備学習、③調和・対称感覚の育成、④気質教育への寄与、⑤治癒教育への寄与。まずはそれぞれのポイントについて概観しておこう。

第一に言語教育の導入としての意義について。シュタイナーによれば、子どもは読むことを学ぶ以前に書くことを学ばねばならない。文字を読む際には、頭部と知性のみが携わっており、思考作用中心の活動となるのだが、フォルメン線描をつうじて、文字が生成するプロセスそのものを子どもたちに体験させる必要があるのだという（「書き方を教える時には、形、特にアルファベットの字形の芸術的な「フォルメン線描」から始めなければなりません。子どもが字形と字形の相違をよく呑み込めるようになるまで、さかのぼっていく必要があるのです。ただ口で言ってきかせるだけでは十分ではありません[51]」）。文字ができあがるプロセスを体験することにより、子どもたちは文字の生まれる瞬間に立ち会うこととなる。

次に幾何学の準備学習としての意義について。フォルメン線描の練習は幾何学への入門と見なされる。[52] 1年生からフォルメン線描に取り組んでおけば、5年生ころから幾何学の学習がはじまる際に幾何図形の法則性をみてとることができるというのだ。

第3にシンメトリー・フォルメンによる調和・対称感覚の育成が挙げられる。シンメトリー系のフォルメンにおいて、子どものうちに調和、対称の感覚の醸成が目指される。[53] シュタイナーによれば人間には、日常生活の不完全な事柄を、夜眠っている間に無意識の中で完全な形に修復しようとする力があり、その睡眠時に作動する力、不完全なものを完全にしようとする働きに対して、シンメトリー・フォルメンがポジティブに作用するのだという。[54] フォルメン線描をつうじて、子どもは「ほんものの形態感覚[55]」を身につけてゆくことになる。

第4に気質教育に寄与するものとしてのフォルメンについて。シュタイナーはヒポクラテスの医学論を下敷きにして人間の本性を、多血質、憂鬱質、粘液質、胆汁質四つの気質に類型化している。詳細についてはクラーニッヒ他『フォルメン線描　シュタイナー学校での実践と背景』を参照いただきたいが、シュタイナーはそれぞれの気質に応じてフォルメンを描かせることを提案している。たとえば多血質の子に対して、シュタイナーは次のように述べている。「多血質の子の場合には、繰り返しを大切にすること、いろいろなバリエーションを伴った繰り返しをさせることです[56]」。彼は『教育芸術』の中で多血質のみならず憂鬱質、粘液質、胆汁質の子どもに適したフォルメンについても言及している。[57]

第5に治癒教育に寄与するものとしてのフォルメンについて。エルンスト・ビューラーはフォルメン線描の治癒教育的な意義について次のように述べている。「ある子どもにとってあるフォルムが難しかったとしよう。そのフォルムを上手に線描できるようになると、病的な資質、周囲からの影響で引き起こされた障害、といったものが多少なりとも克服される可能性がある」[58]。そしてフォルメン線描により「魂のバランスをとり、多くの場合、障害児に治癒効果をあげることに成功している[59]」。

以上、フォルメン線描の意義を5点にまとめてみたが、そうした解説をふまえても、なお一つの疑問が生じる。シュタイナー学校においてフォルメン線描を一つの主要科目として設定し、エポック授業[60]のなかで実践を重ねてゆく意味とは何なのだろうか。国語あるいは数学のなかで部分的にフォルメン線描を行うだけではなぜ足りないのか。シュタイナーの人間形成論の中にフォルメン線描を位置づけてみたとき、その理由が明らかになる。この実践は、国語教育あるいは数学教育の一要素としての位置づけを大きく越え出てゆく重大な意義を有しているのだ。

フォルメン線描は、シュタイナーの人間形成論の根幹に関わる実践であり、そこではシュタイナー教育の基盤をなす極めて重要な課題、すなわち自然認識と芸術的創造が一体となっている。フォルメン線描に取り組む中で、ゲーテ的自然認識の中核をなす直観が育まれることになるのだ。

本章では、まずフォルメン線描のうちに自然認識と芸術的創造の一致を見ていく。つぎに道徳教育的観点から見たフォルメン線描の意義を解き明かしてゆくことにする。

2. フォルメン線描では何がおこなわれているのか

前章でみたとおり、シュタイナー芸術論の根底にはゲーテ芸術論＝ゲーテ自然科学研究が潜在しているが、フォルメン線描の意義もその文脈で吟味していく必要がある。すなわち、フォルメン線描は、ゲーテ自然科学研究を実践的に応用したものとみなすべきである。

シュタイナーの芸術論を支えるゲーテ自然科学において、形態（フォルム）についての考察（形態学）は極めて重要である。高橋義人が指摘しているとおり、ゲーテはフォルムを静的にではなく、力動的に捉えることの重要性を訴え、「形態学 Morphologie」を確立し、ニュートン的な灰色の自然科学に対し、緑の自然科学を標榜した。こうしたゲーテの形態学は「形態の学というよりも、形成の学であるといった方が、ゲーテの真意により近い[61]」。そして彼の形態学は、生命体・有機体を分析的・論証的態度によってではなく、現象を通じて直観するという高次の認識問題を提起したものである。[62]

ここでは高橋の解説を参照しながら、フォルメン線描の理論的支柱をなしているゲーテ自然科学の要諦を確認しておくことにする。ゲーテ自然科学を特徴づけるキーワードは原型とメタモルフォーゼである。ゲーテはあらゆる有機的自然の根源的同一性を見抜き、これを原型として把握した。原型すなわち原植物と原動物は動植物の典型的な姿に近く、現実世界における多様な動植物を包含し、個々の姿へと変容する可能性を内包している。また、ゲーテは、形態の形成と変形を意味するメタモルフォーゼ（変態）をすべての生物に認め、生命現象を動的に捉えた。

そして、彼にとって原型（Typus）とメタモルフォーゼ（Metamorphose）は不可分の概念だった。ゲーテは「一方においては自然の単純性、同一性、不変性を示す原型（原植物と原動物）を、他方においては自然の差異、多様性、変幻自在性を示すメタモルフォーゼを見いだした[63]」のである。

では、原型はいかに把握されるのだろうか。ここにおいて、直観が鍵概念として浮かび上がる。原型は、分析によって捉えうるものではなく、直観を通じて把捉される。シュタイナーはゲーテ的自然観のこうした前提を自らの理論的基盤に据え、ゲーテの形態学を背景として、これを実践に応用しフォルメン線描という独自の教育方法を採用するに至った。予め見通しを立てておくならば、フォルメン線描は、ゲーテ的自然認識を可能にする直観を磨き上げるための実践として解釈が可能である。この実践を要約するならば、フォルメン線描は、創造的多様性（メタモルフォーゼ）を内に含んだ必然性、つまり原型を直観する実践とみなされるのである。

フォルメン線描は外側から眺めただけでは、その教育的効果は期待できない[64]。シュタイナーは子どもに特定の何かを模倣させようと考えるのではなく、線描を通して根源的な図形を表現させることが必要であると述べる。[65] 我々は通常、フォルムを固定したものとして知覚している。そうしたフォルムが、あるプロセスを経て現出したという事実自体を知ってはいても、フォルムの生成過程そのものを把握するまでには至らず、その終着、硬直した最終段階だけを捉えている。対してフォルメン線描は、凝固したフォルムの形成過程を辿る作業であり、シュタイナーは、すべての形態を静止した動きとして捉えた。「自然の中のどのような形態も、そのできそこないでさえも、創造的、形成的な自然力の静止した姿[66]」と見なされるのである。そして、子どもの内側でフォルムを形成する動きが活性化していなければ、どれだけ自然を観察しても、生きた自然に触れることはできない。シュタイナーは次のように述べる。

「基本的な線描練習を始めるときには、どんな自然模倣にも陥らないように注意しなければなりません。できるだけ椅子や花などを模倣させないで、線が生み出す形そのものを感覚的に体験させるのです[67]」

子どもはフォルメン線描を繰り返すことで、たとえ固着したフォルムを見たとしてもそこに動きの形跡を発見することが可能となる。シュタイナーは、外界にあるものが正しく模倣されているかいないかは、まったく問題ではないとし、[68]「まず必要なのは、形態そのものと内的に結びつくこと[69]」だと述べる。この点はシュタイナーによって繰り返し強調される。

観察者自身が内的な動きを体験することでフォルムの内在的知覚が可能になっているのだ。ここで重要なのが、自然を生きたまま認識するためには、自然と向き合う我々自身のうちに生きた自然を生きたまま捉えるための直観が備わっていなければならないという点である[70]。生きた自然（有機界）に対する認識は無機界に対するそれとは決定的に異なる。シュタイナーは次のようにいう。

「無機界においてある現象が法則に還元されるのに対して、有機界では原形から特殊形態が発展させられる。一般と特殊を外的に対置することによってではなく、一般から特殊を発展し出すことによって有機科学は成立する。力学が自然法則の体系であるのに対し、有機科学は典型の発展形態の系列である。前者の場合私たちは個々の法則を総合して一つの全体へと秩序づける。後者の場合には、個々の形態を生きいきと順次発生させていかねばならない[71]」

フォルメン線描は個々の形態を順次発生してゆく実践であり、この意味において有機的自然、すなわち生きた自然と向き合うためのレッスンといえる。フォルメン線描をつうじた曲線と直線の体験により、子どもたちはあらゆる形態の基本形をなぞることとなり、基本フォルムの体験を通して、万物の創造行為が追体験される。[72] そうした創造行為を追体験するなかで、我々は固着したフォルムのうちにもそこに生きて働いている動的な力を看取することができるようになるのである。このようなフォルメン線描の体験はゲーテの根本的態度と一致する。前章で取り上げた追創造(nacherschaffen)こそが、ゲーテ的自然認識の、ひいてはフォルメン線描の要諦をなしている。すなわち、直観を通じて自然の創造行為に能動的に関わることが求められるのである。

フォルメン線描をつうじて、フォルムの生成に能動的に関与することは対象に即して有機体を認識する対象的思惟の徹底的な訓練といえる。自然に寄り添いつつ、対象を認識し、内在的にフォルムを理解するなかで創造の現場に立ち会うこと。フォルメン線描で達成されるこうしたゲーテ的自然認識は、まさに芸術的創造行為に等しい。

では、自然認識と芸術的創造が一体的に進行しているフォルメン線描はいかにして道徳的行為を準備することになるのか。前章で見たとおりシュタイナーが道徳的行為を個人の創造と見なしている点が重要である。彼は人間が直観をつうじて神に鼓舞された道徳に満たされ、「自己体験された道徳でもって地上の生を鼓舞すること」[73] の必要性を訴えたのであった。

そのような文脈においてフォルメン線描をシュタイナーの人間形成論のうちに位置づけてみたとき、フォルメン線描は道徳を創造するための準備段階の実践として位置づけられるのである。シュタイナーは固着してしまったフォルムとしての道徳原則ではなく、道徳原則を生けるフォルムとして個別の多様な状況に応じて具現化することを目指したのである。一回限りの個別具体的な状況において、この私がどうふるまえばよいか。既存のルールに従うのではなく、直観に従って自ら道徳的行為を創造するのである。

3．シュタイナー教育ではすべての教科がフォルメン的である

以上、本章ではフォルメン線描を自然認識と芸術的創造が同時に進行する実践として読み解き、これを「創造的多様性をうちに含んだ必然性を直観する実践」として規定した。さらに直観を磨くことが課題となるフォルメン線描は道徳的行為の創造のための準備教育として位置づけられるのであった。

生きたものを生きたまま捉えるための訓練、あるいは生きたものに生きたまま応答するための訓練としてのフォルメン線描はシュタイナー教育の中核をなし、かつその精神はあらゆる科目に浸透している。つまり、シュタイナー教育では、フォルメン線描に限らず、すべての科目の中で子どもたちは知の生成に立ちあうことが求められている。固着してしまった暗記対象としての知識ではなく、知識が生まれてくるプロセスに子どもたちは没入するのである。この意味においてシュタイナ

ー学校ではすべての科目がフォルメン的であるともいえる。出来上がったフォルムではなく、出来上がる過程を重視するフォルメン線描はこの意味においてシュタイナー教育の象徴的実践といえるのだ。大切にされているのは子どもたちのうちに生きた知識が生みだされるプロセスである。パッケージ化された知識を浅く広く知っていることが重要なのではない。ゆえに、シュタイナー学校にはテストがないのも必然的な帰結といえるのである。子どもたちが知識の生成の現場にいかに深く潜り込めたかが肝要なのであり、一夜漬けで得られるような死んだ知識を獲得することが目指されているわけではないからだ。

本章を締めくくるにあたり、彫塑的・造形的な領域に関するシュタイナーの言葉を引用しておこう。

「私たちがもっぱら知性の人間であるとしたら、私たちは表象だけで世界を観察し、そして次第に死せる存在になっていくでしょう。人間とはこの地上で死んでいく存在のことだ、という印象はまぬがれないでしょう。概念の中の死滅への傾向を、彫塑的・造形的な想像力で甦らせようとする衝動を自分の中に感じることのできる人だけがこの死滅をまぬがれるのです[74]」

概念の中に先天的に含まれている死滅への傾向を、彫塑的・造形的な想像力で甦らせること。これが芸術における彫塑的・造形的な領域の意義である。

生きたものを生きたまま捉えるためには、死滅への傾向を回避することが必要だ。彫塑的・造形的な領域により我々はそうした傾向を免れることができる。シュタイナーは概念そのものを否定しているわけではない。概念を単なる抽象にとどめるのではなく、生きた概念とするために、彫塑的・造形的な領域が必要となるのである。[75] シュタイナー教育のフォルメン的なありようは、生きた知識へと子どもたちを導く重要な仕掛けなのである。

シュタイナーのフォルメン、クレーのフォルムング

フォルメン線描をつうじて直観を磨くことを目指したシュタイナー。そのアイディアは、常識はずれの奇抜な発想にすぎないのだろうか。ここでシュタイナーのフォルメン線描をめぐる議論を人智学という閉じられた思想空間から開放すべく、現代を代表する芸術家パウル・クレーの造形理論に言及することにしたい。クレーの造形理論における「フォルムング」という概念はフォルメン線描に関するシュタイナーの理論に酷似している。以下、クレーの造形理論に光を当てることでフォルメン線描に内在する自然認識と芸術的創造の一致という課題を我々にとって共約可能な、開かれたものとして捉えなおしてみたい。

パウル・クレー（Paul Klee 1879-1940）はスイス出身の画家、美術理論家であり、ワシリー・カンディンスキーらとともにバウハウスで教鞭をとった。クレーが教鞭をとったバウハウスは、ドイツの建築家ヴァルター・グロピウスによって１９１９年に創設された国立の美術学校であるが、クレーはマイスターとして造形論の講義と絵画の指導を行い、そこにおいて自らの造形理論を深化させた。クレーの教育活動と創作活動は密接に結びついており、彼は教育活動を通じて改めて自身の制作方法を自覚するに至ったのである。クレーは「教える段になったとき、私がたいてい無意識に行ってきたことについて、明確に知らねばならなかった」[76]と述べている。芸術家としてのクレー自身の経験から紡ぎだされた独特の芸術理論は、美術学校において学生を指導する際、必要に迫られてテキスト化されたものであり、彼の芸術制作の根本的態度を示す貴重な資料となっている。クレーの日記には幾度もシュタイナーの名が登場し、実際、彼はシュタイナーの講演に足を運び多大な影響を受けたとされている。[77] 彼の芸術観、特に彼の形態への眼差しの出自を探っていくと、ゲーテ自然科学、とりわけ形態学との類縁性がはっきりと浮き彫りになる。クレーの主張は詩人ゲーテの自然観と多分に親和的なのである。[78] ハフトマンが指摘している通り、「ゲーテの洞察や体験との一致はまったく驚くほど[79]」であり、「クレーの精神的発展が辿る重要な道程は、ゲーテのそれと完全に並行してすすんでゆく[80]」のである。[81]

クレーは彼の造形理論のなかで、シュタイナーのフォルメンと極めて親和的な概念「フォルムング」を提示している。フォルムング（Formung）は動詞 formen（作り上げる、形成する）の名詞化であるが、その語尾～ung は動作・行為のプロセスを意味するので、フォルムングはフォルメンしてゆくプロセスを意味する。[82] クレーはフォルムング概念を次のように定義する。

「私たちが歩むことにした道、つまり人間という有機体をその本質から造形していくことを真面目に考えてもらいたい。そうしてもらえるならば、私のこのささやかな試みも意味があるというものだ。欲求から出発し、完成したフォルムに向かう道であるフォルムング[83]」

フォルムングはフォルムに至る道とされる。道としてのフォルムングは「フォルムを規定する[84]」が故に「フォルムに優る[85]」というのだ。[86]クレーは、生成、運動としてのフォルムングと、静止、終着としてのフォルムを対比的に論じ、完成されて静止したフォルム（Form）が重要なのではなく、フォルムをつくりだす過程・運動としてのフォルムングこそが重要だと主張する。フォルムの真の姿は、出来上がったフォルムではなく、生成・成長してゆくプロセスにある。そうしたクレーの理念は彼の理論を示したテキストの随所に見受けられる。

「最後に咲いた装飾という花は、その前提となる行為があって生じた結果であり、すなわち造形に関する私の（基本的な）見解にもとづけば直接かかわり合うべき対象ではなく、フォルムを規定する能動性の結果として自然現象のように生ぜしめるものなのである。すなわち、ここでもフォルムではなく、形づくること、フォルムングが、すなわち最後に姿をあらわすフォルムではなくて、生成しつつあるフォルム、生成、ゲネシスとしてのフォルムが大切なのである[87]」

生成（Werden）はクレーの造形理論の核ともいうべき基本概念であった。[88]彼は日記の中で、「創作中、ある一つの型が生成の段階を離れ完成してしまうと、私はたちまち熱がさめて、ほかの新しい道を探しもとめる。創造的なのは、まさに途中の過程であり、これこそもっとも大切なもので、生成は存在にまさる」[89]と述べ、生成を創造行為の中心に据えている。彼は原要素ともいうべき点が、運動のなかで線へと変貌し、さらに線が面、あるいは形態へと変貌するといった、運動中の自律的な変貌に目を向け、それこそが創造の根源であるというのだ。[90]彼は生成のうちに働いているエネルギーに目を向け、フォルムをエネルギーの次元で捉えるのである。

驚くべきことに、このようなクレーの造形理論はシュタイナーのフォルメン線描に関する理論とほとんど同一といってもよい。クレーもまたシュタイナー同様、「図式を形だけ真似ることは許されない。ひたすらその意味を問い、自然にたくまず生きいきと内面から造形することを期待したい」[91]と述べており、図形の表層だけを描き取ることには否定的であった。

さらに、クレーのまなざしは模倣の手本となるべきもの（Vorbildliches）から、自然の本源的な姿としての原型的なるもの（Urbildliches）へと向かっていく。[92]そして彼は、フォルムが内的必然性から生じることを強調する。[93]

「私たちが学ぶべきことは、フォルム全体が一つの基底から、すなわち内的必然性の基底から出てきているということであって、根底には欲求ということがあるのである。勝手気ままなたわむれの結果そうなるのでなく、フォルムへと向かう能動的、必然的な道がある」[94]

フォルムは「勝手気ままなたわむれの結果」生み出されるのではなく、内的必然性から生み出されるというのである。ここでの内的必然性とは自然の有機的生命に共通する生成の法則でもある。[95] ここにおいてクレーは自然との対話を芸術家にとっての不可欠の条件と考えた。前田が指摘しているとおり、「自然の創造力と芸術的創造力とが「共鳴（Resonanz）」するという芸術観は、クレーが「自然研究の道」をへて到達した造形思考にほかならない[96]」のである。

かくして、シュタイナー同様、クレーの造形理論においても自然認識と芸術的創造は不可分のものとして捉えられているのであった。フォルムの生成に目を向けることにより、我々は「メタモルフォーゼによって生じる創造的多様性を内に含んだ必然性（原型）」の認識へと至るのである。すなわちフォルムが生み出されるプロセスに目を向けることの意義は、シュタイナーのみならず現代を代表する芸術家においても強調されていることなのである。生きたものを生きたまま捉え、その生成に寄り添うことが創造の本質であると考えられているのだ。かくしてクレーの造形理論を参照することにより、フォルメン線描は現代を代表する芸術家の視点から捉えてみてもなんら遜色の無い実践として立ち現われてくる。シュタイナーとクレーがフォルムをめぐって目指しているところはほとんど同一といっても過言ではない。クレーの造形理論とフォルメン線描を重ねてみることにより、フォルメンの意義を単に人智学の閉じた思想空間のうちにのみ認めるのではなく、それを広く現代芸術の地平で捉えなおす道が開かれることとなる。シュタイナーのフォルメン線描とクレーの造形理論はともにゲーテ的自然認識の実践的応用として捉えることが可能であり、ゲーテを基盤とした共通の地平のうえで両者はともに創造の根源的作用に目を向けているのである。

フォルムをめぐる理論においては酷似していたシュタイナーとクレー。けれども、自然認識と芸術的創造の一致というフォルメン線描の課題は、シュタイナーにとって最も重要な課題を達成するための下準備に過ぎないのであった。すなわち、フォルメン線描は私たちが真に道徳的行為を実現するための布石として位置づけられていた。シュタイナーの独自性はここにある。自然認識と芸術的創造の一致が我々の生き方そのものと不可分に結びついてくるのだ。かくしてフォルメン線描は道徳教育の確固たる基盤となるのである。シュタイナーの場合、クレーのように自然認識と芸術的創造の一致を造形理論の柱とするにとどまらず、それを道徳教育論へと橋渡ししたのであった。

第2章　後注

50 フォルメン線描については、クッツリ 1997・1998　ニーダーホイザー 1983　クラーニッヒ,E=M. ユーネマン,M. ベルトルド = アンドレ,H. ビューラー,E. シューベルト,E. 1994 を参照

51 Steiner 2005b,SS.20-21=2007　p.8

52 ニーダーホイザー 1983　p.51

53 同上　p.112

54 同上　p.111

55 Steiner 2000b,S.74=2013　p.134

56 Steiner 2015,S.44=2002　p.56

57 Ibid.SS.44-45= 同上　pp.50-52

58 クラーニッヒほか 1994　p.128

59 同上　p.116

60 エポック授業はシュタイナー学校のカリキュラムの柱である。「エポック」とは、エポック・メイキングのエポックと同義で「重要なことがらが生じる時代」を意味している。エポック授業とは午前中の約100分間、主要科目（国、数、理、社）のうち同じ1つの科目を集中的に3～4週間学び続ける授業形式である。その間、他の主要科目を

学ぶ時間は設定されていない

61 高橋 1988 p.168

62 前田 1976 p.92

63 高橋 1988 p.206

64 ニーダーホイザー 1983 p.33

65 Steiner 2005b,S.14=2007 pp.13-14

66 ニーダーホイザー 1983 p.68

67 Steiner 2015,S.170=2002 p.225

68 Steiner 2005b,S.28=2007 p.14

69 Ibid.= 同上

70 Steiner 1999b,S.109

71 Steiner 1999b,S.107=1991 p.104

72 高橋 1987 p.104

73 Steiner 1998,S.27=1985 p.34

74 Steiner 2005b,S.51=2007 p.42

75 「概念や表象の育成を妨げることはできません。それは育成されなければならないのです。けれども同時に、それと並行して、彫塑的・造形的な要素を活用することも、決して忽せにしてはなりません。そうすることによって初めて、人間性の真の統一が達成できるからです」［Ibid.,S.52= 同上 p.43］

76 クレー 1973 p.13

77 クレーの『日記』には数多くシュタイナーの名が登場することを生松敬三が指摘している［生松 1990 pp.171-172］また、クレーの休暇中、1918年2月16日と17日にミュンヘンのクンストハウス ライヒでシュタイナーの講演が行われた。この年はバウハウス創立の前年にあたる［クレー 2009 p.414］

78 フッグラー 1974 p.96

79 ハフトマン 1982 p.196

80 同上

81 だが、クレーとゲーテ形態学の類似が指摘され、両者のあいだに明らかな類縁性がみてとれるものの、不思議なことに、クレーの著書や日記には、ゲーテ形態学への言及はほとんど見られない。ゲーテ形態学からの影響を裏づける直接的な証拠を、我々はクレー自身が遺したテキストからは得られないのである。前田は「クレーの造形思考がゲーテ的であるとすれば、クレーにとってゲーテがどのような役割を果したのかという問題が関心をひくが、これについて手がかりを与えてくれる具体的な資料は全く乏しい」［前田 1976 p.104］と述べ、フッグラーは、両者の連関は容易に推測できるものの、確証できないとしている［フッグラー 1974 p.96］また、色彩論を論じた麻原も「クレーの色彩論を、ゲーテとの関連で捉えることは、そこに幾分痕跡らしきものがみられるにしろ、

無理なこと」だと述べる［麻原 1976 pp.79-80］

82 長谷川 1992 p.41

83 クレー 1981b p.285

84 同上 p.379

85 同上

86 フォルムを仕上がったもの、結果、終わりなどとゆめにも考えてはならない。それは、生成であり、成ることであり、本質であると考えなければならない。まさに、現象としてのフォルムは、危険な悪い幽霊である。善いのは、運動としてのフォルム、行為としてのフォルムであり、行為するフォルムが善い。悪いのは静止、終わりとしてのフォルムであり、受け身の、結果としてのフォルムは悪い。善いのはフォルムングである。悪しきはフォルム、フォルムは終点であり、死である。フォルムングは運動であり、行為である。フォルムングは生命である」（同上）

87 クレー 1981a p.133

88 クレーは次のように述べる。「創造とは何か。それは生成であり、作品の目に見える表面のかげに、息吹いている」［クレー 1961 p.334］

89 同上 p.333

90 麻原 1976 pp.75-76

91 クレー 1981b p.289

92 斎藤 1993 p.28

93「ここで銘記すべきは、フォルムが生れる前に、あるいはもっと端的にいえば、最初の一タッチがひかれる前に、それ以前の全歴史があることである。みずからを表現しようとする人間の憧憬、欲求、すなわち外的な必然性ばかりでなく、内面的必然性をもっていずれかの場所でかたちをとろうとする人類の一般的な精神状態（その方向を世界観と呼んでいる）にも注目しなければならない」［クレー 1973 p.156］

94 クレー 1981a p.125

95 前田 2012 p.48

96 同上

第3章　道徳教育としての音楽教育

1. シュタイナー教育の柱としての音楽教育

前章では、フォルメン線描の道徳教育的意義を分析したが、本章では視点を変え、シュタイナー教育における音楽の特質を明らかにしてゆく。音楽は、シュタイナーの教育実践において核として位置づけられるべき最重要科目の一つであり、実践のいたるところに音楽があふれている。そのありようについては､ドイツのシュタイナー学校に通った子安文による『いつもいつも音楽があった』の中でも生きいきと描写されている。[97]

では、シュタイナー教育で音楽がかくも重視される所以は何か。そこで音楽はいかなる意義を有するのか。シュタイナー教育において音楽は、単に芸術教科の一つとみなされるだけではない。また、音楽の演奏技術の向上が目指されているわけでもない。[98] 音楽はシュタイナー教育における最重要課題、すなわち自由獲得の問題と密接に関わっており、この点において道徳教育的意義を有するものと考えられる。「自由への教育」を標榜するシュタイナー教育。その自由への道程において音楽は極めて重要な位置づけにあるのだ。

本章ではこうした問題を吟味すべく、課題を絞り込み、以下に掲げる二つの問題の解明に専心する。すなわち、①シュタイナー音楽理論の理論的背景とは何か。[99] ②シュタイナーの音楽理論は彼の具体的実践のうちにいかに結実しているか（理論と実践の接続の問題）。

まずは①の問題について。シュタイナーの音楽理論は、彼自身が明示しているとおりショーペンハウアー（Arthur Schopenhauer,1788 -1860）の哲学を理論的背景に据えている。哲学者ショーペンハウアーは彼の主著『意志と表象としての世界』第3巻、第52節で音楽について詳細に論じている。シュタイナーはそこで論じられているショーペンハウアーの音楽論を高く評価し、繰り返しその重要性を説いた。本章はこの事実を重く受け止め、これをシュタイナー音楽理論へと接近するための思想的足場とみなす。すなわち、シュタイナーが依拠した思想にまで遡ることで、シュタイナー音楽理論の基盤を浮き彫りにさせるという戦略である。

2. シュタイナー音楽理論の理論的背景

では、シュタイナーはショーペンハウアー音楽理論のいかなる側面に共鳴したのであろうか。渡辺が指摘するとおり、「ショーペンハウアーの音楽論の最も大きな意義は、他の諸芸術とは異なった音楽の特殊性に考察の基礎をおいた[100]」点にある。シュタイナーは音楽の卓越性をめぐるショーペンハウアーの議論に全面的に賛同しているのであるが[101]、ここではまず彼のショーペンハウアー解釈を参照する中で、シュタイナー自身の音楽観がいかなるものであったかを逆照射していく。

ショーペンハウアーは、音楽が他の諸芸術とは異なり、表象の介入を必要とせず、意志（＝カント哲学における物自体)[102]そのものの直接的な表現を問題とする点を高く評価した。[103]彼はあらゆる物の内的本質を意志とみなし、すべての個体を意志が客体化したものと捉えたのだが、音楽は、意志を直接客体化する点で卓越している。かのトーマス・マンはこの点について次のように述べる。「かれ(ショーペンハウアー　註:筆者)は、かつて他のどんな思想家もしなかったほど音楽を賛美している。かれは音楽を他の諸芸術と並置するのではなく、他の諸芸術のうえに立つまったく特別な地位を音楽にあたえる。現象の模像である他の諸芸術とは異なって、音楽は、直接に意志そのものの模像であり、したがって世界のいっさいの形而下的なものにたいして形而上的なものを、あらゆる現象にたいして物自体を表現しているからというのである[104]」。

そして、ショーペンハウアーによれば、人間は音楽をつうじて「事物そのものとの深い信頼関係を保ちつつ、事物の内奥に深く関わることができる[105]」。音楽において、人間は存在の本質を身近に感じるからこそ、我々は深い満足を得られるというのだ。この点に関し、シュタイナーは次のように述べる。

「音響による芸術行為とは、いわば人間の耳を大自然の心臓の上に直に当てる行為なのです。人間は大自然の意志に耳を傾け、一連の音響の中にその意志を直接再現します[106]」

シュタイナーは「宇宙の本質を直接表現する役割を音楽に与え[107]」、「音楽の中でこそ、宇宙意志の心臓の鼓動を聴きとることができる[108]」という考えを提示したショーペンハウアーを高く評価した。ショーペンハウアーは、音楽を物自体の表現であると考えたわけだが、シュタイナーはこの点に全面的に賛同し、自らの思想に引きつけ、物自体の領域を超感覚的世界と置き換えたのである。そして音楽をつうじて我々は超感覚的世界を直接体験できるというようにショーペンハウアー哲学を読み替えた。

シュタイナーによれば、音楽家が作曲を行う際、彼は現実界からではなく、超感覚的な世界から音楽創造の動機を取り出す。[109]そして、音楽をとおして、人間の魂のいとなみは深化し、活気づけられるというのだ。「人間が音楽を聴くとき、浄福感を覚えるのは、その音が人間の霊的故郷の中で体験した事柄と一致しているから[110]」だ彼は考えた。かくして音楽をつうじて、我々は超感覚的世界に突き進むというのである。そして、シュタイナーにとって音楽は、通常、超感覚的世界へと目を向けていない我々がその作用を体験する最初の場として捉えられているのである。

「秘儀に参入していない人間には、人間の故郷である精神界はまず音楽のなかで与えられるのです。このような関連を予感する人すべてが、音楽を高く評価するのです。ショーペンハウアーも一種の本能的な直感でこの関連を予感し、哲学的なかたちで語ったのです[111]」

では、音楽をつうじて超感覚的世界を直接的に体験するということは、人間にとっていかなる意義を有するのであろうか。ここでシュタイナー人間形成論における最重要課題である自由の問題が浮かび上がる。

3. 音楽と自由

シュタイナー教育は「自由への教育」を標榜しているが、自由への教育というからには、初期段階において我々は自由たりえないことが前提とされている。事実、シュタイナーは「人間は元来自由か、それとも不自由か」という問いを不当とみなし、「不自由な状態に置かれた人間がいかに自由を獲得するか」こそを問うべきだと考えた[112]。

そして、主著『自由の哲学』において強調されているように、シュタイナーは自由獲得に向けて人間の自己認識の必要性を説いた。あるべき自分を直観的に認識すること、このことが自由獲得の前提とされ、自己認識のためには超感覚的世界の認識が不可欠とされたのである。よって、シュタイナーにおける自由とは自己本位的にふるまうことでもなければ、社会的権力からの解放でもない。自らのうちなる超感覚的なるものを直観すること、それによって感覚界に縛られないことである。

このため、シュタイナーにとって自由獲得の問題と自己認識の問題は不可分であった。自然同様、人間のうちにも作用している必然性を認識すること、つまり自己認識こそが自由獲得の前提とされたのである。この点をめぐり、シュタイナーは次のように述べる。

「人間は事物に対立する時、自由でないと感じ、自然の合目的性を自らがどうしても従わざるをえない硬直した必然性として感じる。自然の力とは、人間自身の中にも活動しているのと同じ精神の形式以外の何物でもないということに気づく時にはじめて、自らが自由に参与しているのだという理解が人間の中に芽生える。自然の法則性は、それがよそよそしい力として見なされるかぎりにおいてのみ、強制として感じられる。自然の本質の中に入り込んで生きる場合には、自らの内面においてもまた活動する力としてそれを感じとり、また事物の生成と本質の中でともに生産的に活動する要素として自分自身を感じる」[113]

自然のうちに作用している必然性は、人間のうちにも例外なく作用している。すなわち、自然の一部である人間もまた超感覚的なるものの現れとなる。人間は、自然必然性に無自覚に支配されている他の存在と異なり、唯一、行為の根本的動機の認識能力が備わっている。つまり、人間は外的要請に支配されずにあるべき自分の姿を意識化することができるのであり、これによって真の自由を獲得しうると考えたのである。シュタイナーにとって、我々のうちに存するそうした必然性を直観することが極めて重要な課題として浮かび上がる。人間は自らのうちに作用している必然性を認識することにより、自由を獲得すると考えられたのだ。シュタイナー初期の論文「自然と我々の理想 Die Natur und unsere Ideale」ではそのことが詩的に語られている。

「我々は自由だと自惚れてはいても、実際は、自然の鉄の必然性に従属している。我々の抱懐する最も崇高な思想といえども、我々の内部を盲目のままに支配している自然の産物にすぎないのだ—このように反論を加える人もいよう。しかし、自己自身を認識する存在は不自由ではありえない、という事実を我々はやはり認めるべきであろう！確かに、法則の網の目が事物を覆っている。そして、それが必然性を産み出している。しかし我々は、認識活動によって、事物から自然の法則性を抽出する能力を所有している。これでもなお、我々は自然法則に意気地なく従うだけの奴隷にすぎないのか？[114]」

では音楽体験と自由の獲得はいかに関連するか。超感覚的世界と密接な関わりを有する音楽は、自由獲得へと我々を導くものとみなされた。音楽は意志の世界（超感覚的世界）の直接的な現れなのである。シュタイナーの言葉に耳を傾けてみよう。

「音楽の中には創造的な力が働いています。それは自然を超えていく何かです。音楽を体験する時には、自分が自然とともに創造行為をしているのです。子どもの心がそのことをはっきりと感じとれるようにしなければならないのです[115]」

音楽の中に自然を超えてゆく超感覚的なものの作用が働いている。[116] 感覚界に繋縛されている状況下において、我々は自由たりえない。すなわち、ショーペンハウアーにおける意志の世界（超感覚的世界）を認識することなくして、我々は自由を獲得することができないのだ。意志の世界は、感覚的な事物とは別次元のものであるが、この世界と音楽が密接に関連するのである。シュタイナーはそうした他の諸芸術とは全く異なる音楽の意義を評価し、これをシュタイナー教育において重視したのである。

したがって、シュタイナー教育において音楽は、単に芸術教科の一つとして位置づけられるに留まらないということになる。意志の世界の体験、すなわち超感覚的世界の体験へと我々を導くものとされるのであり、[117] シュタイナーにとって自由獲得の問題と極めて密接に関連するものとされたのである。

では、ショーペンハウアー哲学を基盤に据えたシュタイナーの音楽理論は、教育実践に目を転じた時、個々の具体的実践のうちにいかに結実しているのであろうか。次節では、ドイツのシュタイナー学校における音楽の授業を紹介し、これまで論じてきた問題が、実践においてどのように現れ出ているのか、具体的事例を挙げつつ検討してゆく。

4. ドイツのシュタイナー学校における音楽の授業実践

ドイツのノルトライン=ヴェストファーレン州ミュンスターにある自由ヴァルドルフ学校ミュンスター校における音楽の実践を紹介しよう。ここに示すのは２００６年９月に行われた2年生（16名、男子8名・女子8名）の授業「精霊ごっこ」と「ムジーククーゲル遊び」である。

授業開始後~10分が挨拶と歌唱活動、10分~30分が精霊ごっこ、30分~40分がブロックフレーテ（たて笛）の活動、40分~終了までがムジーククーゲル遊びで構成されていた。特に低学年のうちは、歌やブロックフレーテの活動に加えて、遊びの中に音楽の要素を取り入れた活動を中心として授業が構成されていた。まずは精霊ごっこの事例を紹介しよう。

「精霊ごっこ」の事例

授業が始まる5分ほど前に教師は教室で待機し、子どもたちが休み時間から戻ってくるのを待っている。すぐに子どもたちがざわざわしながら教室に入ってくる。教師は子ども一人ひとりに手を差し出し、挨拶で迎え入れる。一通り挨拶がすむと子どもたちは思い思いの活動を始める。ある女の子は教室の前方の窓際に並べられた人形から馬の形をしたものを手に取り、自分の机に持っていき一人で遊んでいる。また他の男の子は友だちとプロレスごっこをしている。とにかく子どもたちは非常に元気で中にはイスの上に乗ってはしゃいでいる子どももいる。とても騒がしい中、教師は無言で黒板の前に立って、おもむろにライアーをとりだす。そして無言のまま、ペンタトニックに調律された弦[118]をアルペジオで弾き始める。ライアーの音はとても小さく、繊細な音であるため、子どもたちの騒音の中かすかに聴こえる程度である。しかしザワザワしている子どもたちが徐々に教師の行動に気づき、注目するようになる。

シュタイナー学校では、教師が大声をはりあげて子どもたちに指示を出すのではなく、子どもたちが授業内容へと自然に注意を向けられるようなしかけが施されている。騒音の中で、かすかな音が聴こえることで、かえってその微細な音が際立ち、子どもたちの中に「おや?何かが始まりそうだぞ」と期待が生じることとなるのだ。ひとりの子どもが教師の奏でる音に気づくことで、その気づきが飛び火し、子どもたちのあいだで気づきの連鎖が生まれ、おのずと教師の方に注意が注がれることになる。大声を張り上げて授業に集中させるよりも、効率的に子どもたちを惹きつけることができるのである。

こうして、しばらくしたのち、全員が椅子に座ることになる。人形で遊んでいた女の子は、もとあった場所に馬の人形を戻す。皆の準備が整ったのを確認した教師は、ライアーで伴奏しながら歌をやさしく語りかけるような声で歌い始める。子どもたちは皆知っている曲のようで、全員で同じ旋律、同じ歌詞を歌い始める。ライアーの伴奏はあくまでも素朴で、ほとんどア・カペラに近い。歌い終わるとすぐに教師はライアーを箱にしまい、子どもたちに「精霊と勇者」の物語をゆっくり語り始める。

「今日は精霊ごっこをしましょう。大きな森にはたくさんの精霊たちがひっそりと生きています。精霊たちはそれぞれ宝ものを守っています。それを持っていこうとする者には『下がれ！』と言います。これから一人ずつ勇者となり、精霊たちが守っている宝物をそーっと取り出しましょう。少しでも音をたてると精霊に気づかれて『下がれ！』と言われてしまいますよ。精霊に気づかれることのないよう、音をたてずに静かに宝物を取り出すように気をつけましょうね。まず○○○、精霊になってね。他の人たちは木や茂みとなって見守ってください。今から私が森を駆け抜ける風となってみんなの近くを通り過ぎます。風にタッチされた人は先生について前に来てくださいね。その人が選ばれた人です。精霊が守っている場所から好きなものをそっと抜き取ってください」。

教室の中を精霊の住む森に見立て、精霊役の子どもが守っている宝物（音具）を、勇者が精霊に気付かれないよう音をたてずに持ち出そうとする活動である。

教室の前の方に椅子を持っていき、目を閉じた精霊役の児童Aを座らせる。その下に5、6本の鉄の棒、鈴、木片、木で出来た玩具などを重ねて置く。教師は風の歌を歌いながら教室の中を、円を描くように縦横無尽に両手を広げて走りぬける。子どもたちは教師が近くに来るとソワソワして落ち着かない様子である。

精霊役の子どもの足元には楽器や金属棒など音がでるもの置かれる。
目を閉じた精霊に気づかれないように、そっと音具を持ち出そうとする子どもたち。

そのうち勇者役に選ばれた児童Bの頭をそっと触り目で合図をする。教師の後ろについて児童Bが児童Aの座る椅子の前へやってくる。その他の子どもたちも木々や茂みとして二人の様子を見守る。教室の中は静まりかえり、子どもたちは児童Bと児童Aの動きに全神経を集中させているように見える。さっそく児童Bは児童Aの座っている椅子の下から、短い鉄の棒を抜き出そうとするが、途中までうまくいくものの、「カシャッ」と少しだけたてた音に児童Aが気づき「下がれ！」と言われてしまう。教師は「残念だったわね。途中まではよかったわ」と声をかける。周りの子どもたちは一気に声をあげ「あー、失敗した！」と言い合う。ザワザワした中、教師は教室の中を再び走りまわり、次の勇者役の児童Cの頭に触れる。ニコニコしながら前に出てきた児童Cは精霊役の児童Aに横からそっと近づき、椅子の下に積んであった鉄の棒の横に置かれた木の玩具を一つ、音をたてないよう細心の注意を払いながらゆっくりと抜き取る。精霊役の児童Aは気づかない。クラス中が一つも音をたてないように、シーンとしているが表情は皆明るい。児童Cが無事抜き出した木片を皆に見せたところで、教師が「はい、成功です！よくやったわね、Cさん」という。他の子どもたちは拍手して勇者Cをたたえるところで、この活動は終わる。

抜き取った音具は教師の机の上に置かれる。宝物として使われた音具を取り出し、叩いたり振ったりして音を確認する。それに合わせて全員でブロックフレーテを吹き始める。

「ムジーククーゲル遊び」の事例

次に「ムジーククーゲル遊び」についてみていこう。

教師がいろいろな楽器の入った箱の中から直径5センチほどの二つのムジーククーゲル（音が出る金属の玉）と、2メートル四方ほどの大きな布を1枚取り出す。「みんな前にいらっしゃい」というと、全員が教師の周りに寄ってきて、丸く取り囲む形となる。教師は大きな布を広げて全員に両手を出して少しずつ端を持つようにうながす。そして子どもたちによって大きく張られた布の中心に、ムジーククーゲルを二つそっと置く。少し動くごとに「シャンシャン」と綺麗な音が聞こえてくる。かすかな音量だがよく響きわたる金属音である。二つがぶつかり合うと、少し強めの音がする。「自分たちが持っている布を自由に動かして、きれいな声を聴かせてちょうだい」と教師がいうと、16人の子どもたちは布を動かして音を響かせようとするが、最初、布を大きく上下させクーゲルが勢いよく動き、強くぶつかるため、もう少しで布から落っこちそうになる。教師は「小人さんが慌てているわ。優しくしてあげましょうね」と声をかける。だんだんと布の動かし方のコツがつかめてきたこともあり、クーゲルをゆっくりと布の上に円を描くように動かすことが出来るようになる。そうすると「シャン、シャンシャン」と繊細で神秘的な音が響いてくる。自分が持っている布の部分へクーゲルが近付くと、手の角度を少しだけ変え、うまくバランスをとりながら別の方向へ向けてやる必要があるが、子どもたちは実にうまく操作している。子どもたちは微妙に手の角度と速さを変えながら、クーゲルの動きと音に集中している。それを確認した教師は「小人さんたちを少しだけ走らせてあげましょう」という。すると、子どもたちは微妙に手の角度と速さを変えて、先ほどよりもクーゲルを速いスピードで動かし始めた。

精布の上でムジーククーゲルを転がして、様々な音を楽しむ子どもたち。また動かし方によって異なる音が生まれることに気づき、音のコントロールを体験する。

以上、二つの事例の概要を紹介したが、両者に共通する特徴として、第一に、教師の奏でる音楽や語りによって、子どもたちを伝説や童話といった物語の世界（ここでは、精霊、勇者、木々・茂み、小人等）に引き入れている点が挙げられる。前半の事例では、子どもたちはまるでひっそりした森の中にいるかのように振る舞い、精霊、木々そのものになりきっているかのようであった。子どもたちも遊びとして熱心に取り組むこの活動からは、子どもたちが音を介して自由に現実の世界とファンタジーの世界とを行き来する様子が見て取れた。また、少しの音もたてないように全身で注意を払い、クラス全員が一体となって勇者が宝物を取り出すのを見守る姿には、緊張感と集中力がみなぎっていた。このように、子どもたちがすぐに物語の世界へ入り込む姿は、他の授業でもしばしば認められたが、教師によると「それは子どもたちにとっては、特別なことではない。子どもたちはファンタジーの世界に生きているから、すぐに入り込める」のだそうだ。しかし、今ここにある現実の世界から物語の世界へ入り込む瞬間、そのきっかけは教師が準備していた。例えば、教師は心地よい音色でゆったりと歌うように話し、その声音によって子どもたちはファンタジーの世界へと引き込まれていき、そこに浸ることによって、音の世界をより深く探求する様子が見て取れた。

特徴の二点目は、とにかくよく子どもたちが聴くということである。教師の話にじっと耳を傾けることはもちろんだが、あらゆる音に対して敏感に反応することが認められた。微かな音量でしかないライアーやムジーククーゲルの繊細な音にも非常によく反応し、また一方で、精霊ごっこに見られたような音をたてない状況ということも、音に対する敏感さと集中力の表れだと考えられるだろう。子どもたちは微かな響きでも耳を澄まして聴くことが習慣となっていた。さらに、あらゆる感覚を通して音と接していることが認められた。すなわち、聴覚だけではなく、視覚や触覚も含めた身体全体の感覚をひらいて音の世界を楽しんでいることが感じられた。

　今回取り上げた事例は低学年のものであるが、シュタイナー学校では、第12学年に至るまで音楽は非常に重視されている。子どもたちは、学年をおって音楽の世界を広げ深めていく。その広げ方にもシュタイナー学校特有の道筋があり、低学年では、「5度の雰囲気[119]」を感じ取る経験が非常に重視され、歌唱や器楽演奏では5音音階、すなわちペンタトニック[120]が一貫して用いられる。そして徐々に音の響きの経験を広げていき、4度の響きや、3度の響きと出会っていく。そのプロセスを経た後、ポリフォニーの響きが導入されていく。学年が上がるにつれ、オーケストラやコーラスなどアンサンブル活動の重視、音楽の形式や歴史に関わる知識の習得が行われるようになる。

　音楽の生成発展に照らし合わせて考えれば、5度の音楽から3度や4度の音楽へという流れは西洋音楽史の発展とも呼応しており、音楽の響きの広がりも自然と実感できるだろうことが推察される。また、低学年では一貫してペンタトニックや5度を扱うが、このように十分な時間をかけて一つひとつの道筋に取り組み、じっくりとその世界に浸る経験が重要だと思われる。そういったプロセスを経ているからこそ、高学年で一気に音楽の世界を広げていくことができるのだろう。

以上、シュタイナー教育における音楽の実践事例と学びのプロセスからみえてくる特徴をまとめると、第一に、子どもたちが、美しい響きに包まれながら体中の感覚で音・音楽を感じ、よく聴くことが全ての活動の基盤となっている点が挙げられる。シュタイナー教育特有の楽器のもつ繊細な音色や教師の声音、そして周りの音に対して子どもたちは鋭敏に反応していた。第二に、一つひとつの活動に充分な時間をかけて取り組み、じっくりと音楽の世界に浸ることが重視されている点が挙げられる。特に低学年では、教師は物語や伝説を用いて子どもたちの想像力を存分に刺激しながら音楽の世界へ引き入れ、じっくり探求していくことに繋げていた。このように、聴覚だけでなく全感覚を用いて聴くことが入り口となり、音楽の世界に「浸る」ことで子どもたちは現実世界から抜け出る。聴くこと、浸ることがシュタイナー教育の音楽実践の鍵となっているといえる。

5.「聴く」ことの意味

シュタイナーにとって音楽は、感覚界にいながらにして超感覚的世界の作用を体験することのできるものとして位置づけられていた。ドイツのシュタイナー学校の事例では音を聴くこと、音の世界に浸ることが重視されていたが、そこで目指されているのは、単に現象面での音を捉えることではなく、意志の次元、すなわち超感覚的世界を体感することなのである。先に引用したとおり、シュタイナーは「人間の耳を大自然の心臓の上に直に当てる行為」として音楽を規定し、「音楽の中でこそ、宇宙意志の心臓の鼓動を聴きとることができる」と考えた。つまり、我々は音楽をつうじて感覚界から解き放たれるのであり、感覚界のうちに常に作用している超感覚的なるものを体験する。シュタイナー学校における音楽の授業実践がファンタジーに満ち溢れていたのも、音楽が現象界とは別の次元をひらくものとして位置づけられているからである。そして音楽をつうじて、子どもたちの活動の中で感覚界と超感覚的世界が無理なく結び付けられることとなる。こうした独自性を有するがゆえに、シュタイナーは、音楽のうちに自由獲得（＝「自己認識」）への可能性を見出すことができた。

超感覚的世界を認識するにあたって、我々は何も、秘教的手続きを踏む必要はない。彼は秘教的手続きを経ずとも、音楽のなかで超感覚的なるものの作用を感じ取ることができると考え、そこに音楽の卓越性を見出したのである。シュタイナー教育における音楽の意義はこのような点に認められると考えられる。

さて、シュタイナー教育では、徹底的に子どもたちが聴くことを大切にする中で、直観的認識を育んでゆくわけだが、聴くことは子どもたちのみならず、シュタイナー学校の教師たちも大切にしていることである。この点については第5章で言及することにしたい。

インタビュー②　道徳教育としての手仕事

自己肯定感を育む手仕事の時間

井藤：手仕事という科目が道徳教育としていかに機能しているか教えてください。

柳本：シュタイナー教育では、全ての教科において教師と子どもとの一対一の呼吸を大切にしていますが、特に手仕事は教師と子どもの個と個のつながりが大きい科目となります。作業を進めていく上で、子どもたちが困った時に手をあげると、必ず先生が気づいてくれて、受け止めてくれて、困ったことを解決してくれる。それが手仕事の教師の存在なのです。手仕事の中では、困った時には先生が解決してくれるという経験が子どもたちの中に積み上げられていきます。[121]

三品：人間が動物と区別される点はいろいろありますが、とりわけ最も大きな違いは私たち人間の手が働くことができる点にあります。しかもその働きは自分のためだけではなく他者のため、周りの人たちのため、社会のためになるということが大きな意味を持っているといえます。授業の中でも、子どもたちは自分の仕事が完了したら、クラスのために何かを作る。先生のためにお誕生日のプレゼントを作る。おうちの人のために家で使えるものを作る。こうして自分の仕事が、社会の中の一員として受け止められ、感謝されるという経験が蓄積されていくことになります。そしてそうした経験を積み上げてゆくことで、子どもが「自分はここにいていいんだ」という自信を持つことにつながっていくのです。自分の手は自分のためのものだけじゃないよ、人の役に立つものでもあるんだよ、ということが単なる言葉だけではなく、行為の中で示されていきます。

井藤：お話を伺っていて、手仕事は子どもたちの自己肯定感の涵養に大きな影響を及ぼしているように感じます。

柳本：それはすごく大きいと思います。例えば鍋つかみを編み上げたあと、おうちへ持って帰ると、お母さんが喜んでくれて、しかも日常的に使ってくれる。自分が作ったものが実際に生活の中で役立つので、自分が社会に役立つ人間だと実感できるんです。そこが手仕事の大きなポイントかと思います。自分が肯定される経験を持つことができるので、自分で自分を認めることができるんです。

井藤：社会の中の自分の存在価値を認識し、「自分は必要とされているんだ」という感覚を持つことができるのはすばらしいことです。手仕事の先生は子どもたちのそうした体験を全面的にサポートしているのですね。けれども、手仕事における子どもたちとの関わり方については、難しい側面もあるのではないでしょうか？先ほど、子どもたちが困った時には先生がすぐに気づいて、助けてくれるというお話がありましたが、そこで手伝いすぎてしまうと子どもたちの自立を妨げてしまうのでは？とも思ってしまうのですが。そのあたりのバランスをどのように保っていらっしゃるか教えていただけますか？

三品：手仕事においては、学年に応じた手助けの仕方があると考えています。1年生や2年生の頃、つまり低学年の頃は、やはりまだ子どもたちの手が十分に発達しておりませんし、思うように手を動かすのが難しいというのが現実です。ですので、とにかく行為に集中させる。私たちは言葉で働きかけるのではなく、子どもたちの持っているファンタジーの力に働きかけて、お話を通じて手順などを伝えて、子どもたちに手を動かしてもらいます。そして手を動かす中でうまくいかないこと、例えば編み物の中でたくさん目をこぼしてしまうことがあってもまだそのことに気がつかなかったり、それをやり直すほどの忍耐力もまだ備わっていない小さなお子さんには小人さんが登場して、子どもの見えないところでこっそりと大人が形を整えておきます。小人さんの陰のサポートに気づく子もいれば、気づかない子もいる。例えば、作業がとてもゆっくりした子のために他の子との差をあまり感じさせないために私たちが小人となって少しだけ進めてあげることもあるんですけれど、それを子どもは全然気がつかなくて、「あれ？こんなに自分は作業が進んでいたっけ？」と不思議がることもあります。（笑）ただ、そうした経験を通じて、やがて、子どもたちは自分が一生懸命やっていれば、「どこかで誰かが見えない力となって働きかけてくれるんだ」という安心感や確信を持つことができるのです。

柳本：高学年になってきて、子どもたちがだんだん大きくなってくると、先生が陰で助けてくれていることに子どもたちは薄々気づいてゆくのですが、たとえその事実に気づいたとしてもあからさまに「先生がやってくれているんでしょ？」とは言わずに、自分たちが大人からそういう配慮をしてもらっていることを子どもたちは感じとってゆきます。自分たちが守られているんだという感覚を育ててゆくのです。

特に小さい子どもたちの場合、授業の中で間違えてしまった目が直っている状態で次回の授業を迎えられることを大切にしています。先週間違えてしまった状態が正しい状態に直っているので、子どもたちは安心して作業を進められるのです。

井藤：子どもたちが安心して授業に臨むこと、リラックスできていることが大事なんですね。

柳本：それと、シュタイナー教育が良いのは、点数評価をしなくても良いというところです。子どもたちに「自分はできないんだ」という劣等感を感じさせなくて済むんです。今ある子どもの状態からどのように進んでいくか、育っていくかが重要です。だから、他人と比較するのではなく、個に応じた働きかけを心がけています。そして、気づいたらだんだん子どもの手が習熟していって、できなかったことができるようになっていく。

三品：秩序と確かさが子どもたちのうちに安心感を育むのです。低学年ではそのことを特に大事にしています。学年が上がっていくと、編んでいく中で「どうしよう、このままいくと後々後悔するぞ」と間違えにきづいた場合は、その時点でちゃんと戻ってやり直そうと思えるようになることを大切にします。戻ってやり直すということはとても勇気のいることなのですが、間違いを認め、潔く糸を解くことができたらそこで子どもたちを褒めてあげる。そうした経験は、たとえ人生の中で間違えてしまったとしても勇気を持ってそれを認め、やり直す姿勢を育むことにもつながっていきます。

手仕事の教員の立ち位置

井藤：お話を伺っていて、クラス担任と手仕事の先生とでは教師としての立ち位置が異なるように感じました。手仕事の先生は、クラス担任のように子どもたちの前に権威として立つというわけではないのでしょうか。

柳本：クラス担任は、美しき権威と呼ばれるように、子どもたちにとって仰ぎ見る存在となりますが、手仕事の教員は子どもたちを母性的に見守り、言葉で子どもの頭を撫でられるような声がけが特に求められます。もちろん、子どもたちが難しい年齢になったらピシッと叱らなければならない場面もありますが。手仕事の教員は、担任の先生をバックアップできるような存在として他の先生方と一緒にチームを組んで子どもたちと関わることを心がけています。

三品：私たちは、子どもたちにとって環境としての大人であることを常に意識しています。一般の社会でもお父さんやお母さんだけでなく、おじいちゃんやおばあちゃん、あるいはお兄さん、お姉さんなどとの関係が子どもにとってとても大事です。手仕事の教員は､子どもたちの真上にいる､仰ぎ見る存在であるクラス担任や横のつながりの中にいる同級生たちとは違って、斜め上のポジションに位置づいています。その斜め上のポジションでいることがとても大切だと感じています。もちろん、授業においてはしっかりと子どもの前に立てなくてはなりませんが、常日頃から「子どもたちがいるから私たちがいる」という子どもたちへの感謝の気持ちを持って接するように心がけています。

柳本：手仕事の教員として、子どもたちが美しいものを目指すように、良きものを目指すように導いていくことを大切にしています。そのためには私たち自身が立ち居振る舞い等、細心の注意を払って子どもたちと接しています。まさに自己教育です。

手仕事におけるリズム・繰り返しの重要性

井藤：シュタイナー教育では、リズムや繰り返しが大事にされていますが、手仕事においてもリズムや繰り返しは重要になってくると思います。この点について考えをお聞かせください。

三品：編み物など子どもたちが手を動かすときには、リズムを持って一つひとつの動きを行うことが大切にされています。授業は毎回同じように始まり、同じ言葉を唱え、歌を歌い、季節や課題に応じた手遊びをして、「これが終わると次にこれが来る」という授業の流れはいつも同じにしています。毎回の授業のリズムが同じになるよう心がけています。

柳本：特に手仕事においては繰り返しが重要です。場合によっては、何百何千に近いような繰り返しが求められることもあります。1つの作品を仕上げるのに何百何千という繰り返しが必要になる場面は、他の教科、例えば計算問題を解く場合などにはないことですが、繰り返しを苦しい作業としてではなく、創造的な行為として受けとめていくよう子どもたちを導いていくことが大切な課題なのかなと感じています。

井藤：子どもたちが同じ作業を繰り返すことに飽きてしまうことはないのでしょうか。

柳本：もちろん、同じ作業をずっと続けていくと途中で飽きてしまうこともあるんですけれども、その場合は、気分転換となるような課題を差し込んであげます。飽きてしまった子には、休憩も兼ねて「みんなのためのお仕事を休憩の間にやってごらん」と声をかけ、例えば糸がたくさん入ってごちゃごちゃになっているところを整理してもらうこともあります。集中が切れてしまった子どもには、一度違う呼吸を与えて、また元の作業に戻ってくると、一生懸命集中することができます。

三品：小さい子どもには最終的に何が出来上がるかを最初に伝えないという工夫もしています。編み物をする間に子どもたちは、何度も何度も同じ手の動きをするんですけれども、その積み重ねの先に何が待っているかはわからないというその楽しみを大事にしています。その際には「ここまで終わればきっと何か良いことが起きる」というワクワク感を大切にしながら子どもたちを導いていきます。そして、小さな積み重ねを経てできあがったものを見ると、子どもたちは「あー、この喜びに会うためだったんだ」と気づくことができ、小さな積み重ねが自分を喜びへ導いてくれるということを身をもって体験することができます。

井藤：完成形を見せないということにはどういう意図があるのでしょうか。

柳本：過程に没頭できるということがとても重要です。作業の過程で「何ができるの？」と気にするお子さんもいるんですけれども、シュタイナー教育では行為に没頭できる子どもたちを育んでいくことを大切にしているので、子どもたちには小さな行為をたくさん積み重ねたその先で喜びに出会えるという、その楽しみを味わうことを経験してもらいたいと思っています。

井藤：完成形を見せないということは、子どもたちがプロセスに没頭するための仕掛けになっているのですね。

柳本：大人の方がそれに我慢できなくて。必ず親御さんは、「次何を作るの？」とかって子どもに聞いたりもするんですよ（笑）「何なの、これ？」とか作業の途中で子どもに聞いてしまうらしいんですけれども、子どもは意外とそれがすごく楽しくて、喜びながらプロセスに没頭しています。

三品：逆に何ができるか知らない方が楽しいくらいに、作業を続けていれば、最終的に喜びに出会えるんだっていうことを子どもたちは素直に受け取ってくれますね。

井藤：まさに人生そのものですね。子どもたちが将来的に何になるかなんて誰にもわかりません。でも、今この瞬間を丁寧に積み上げていけば、きっと素敵な未来が待ってるということを手仕事の授業は象徴的に伝えているわけですよね。手仕事は人生の縮図のように感じられます。

三品：手仕事は間違えてもやり直せばよいこと、道に迷っても必ず出口が見つかるといった経験を体験できる教科とも言われています。

発達段階に応じた手仕事の課題

井藤：各学年における手仕事の具体的な内容を教えていただけますか。発達段階に応じた課題内容を具体的な事例とともに教えてください。

柳本：子どもたちが1年生になって入学してくると、幼児期までは大人のお手伝いをするという立ち位置だった子どもたちが、自ら手を動かしてものを作り出すという課題に向き合うことになります。最初の段階では、特に触覚の部分に働きかけることをとても大切にしています。最初の日は目をつぶって羊の原毛を触り、匂いを嗅ぐ体験をします。

三品：それが羊の毛だとわかったところで、羊毛が私たちの身の回りにたくさんあるということに目を向けます。自分の手で紡いで、引っ張って、細くして、まずは毛糸の原型みたいなものを作ります。あとは、洗ってちゃんと私たちの手元に届いているんだということがわかるように、原毛を洗う作業をしますね。羊毛の仕事はだいたい1ヶ月ぐらい続きます。

その後に編み物に入っていきます。やはり、人間の手を使ってはじめます。まずは道具を使わないところからやっていきます。指だけで編んでいくのです。子どもたちは夏ぐらいから指編みを始めて、冬になると自分の首を温めるマフラーを作るのですが、全部自分の手だけで作ります。秋口、11月くらいまではその作業を続けて、やっと自分の手が少し動くようになった後で、道具を取り入れて、棒針編みに移行します。そして棒針編みを行う時も自分たちの身の回りのものということで、最初は自分が遊べるおもちゃのような、編みぐるみを編ませたり、小さなボールを作らせたりします［口絵9参照］。ただ、その際、子どもは四角く編むだけで、仕上げるのは大人です。四角く編んだものが、こんな形になるんだという喜びに子どもたちは出会えるのです。

2年生ぐらいになると、自分で普段使う笛の袋を編んだり、3、4年生では定規入れを作ったり。

お弁当入れや水筒入れなども編みます。学校や自分の普段の生活の中で使えるものを自分の手で作るということを大切にしています。

柳本：やりたいという意志が2年生後半ぐらいから、やり遂げるという形にだんだん変わってくるんですね。幼児期にはあれやりたいこれやりたいというものだけだったのが、やりたいと決めたら最後までちゃんとできるようになるという意志に変わってくるんですね。手仕事をしていくと、意識が少しずつ目覚めてきていて、今度は目の機能も一点を見つめることができるように発達してくるので、3年生くらいからかぎ針編みを行います。

三品：3年生ぐらいになってくると子どもたちには、他者との境界を感じるルビコンの時期が訪れます。この頃に、シュタイナー学校のエポック授業では家づくりを行います。手仕事では、それに合わせて帽子作りを行います。

柳本：それは子どもたちが家づくりで自らをしっかりと守るものを作るのと同じように子どもたちの大切な頭を覆う、その境界をしっかりと作るという意味で、エポック授業と連動して帽子を作ります。

三品：色についても、頭の上をしっかり守るということで、頭のてっぺんはしっかりと閉じ、頭のてっぺんから顔に向かって明るい色にしていきます。物にも意味があるということが、色彩を通して感じられるような色選びの指導などもしていきます。

柳本：3年生、4年生の時期を経て、9歳の危機を超えたあたりで、子どもたちがやはり他者と自分との境界をしっかりと感じて、そして同時に不安にもなる時期でもあるんですね。その時にはクロスステッチを行います［口絵8参照］。オイリュトミーでいう"e"エーという形です［口絵11参照］。この形を体験することで、他者と自分の違いを知ることができる。以前、あるところでクロスステッチは、「大丈夫、大丈夫……」というリズムで、一針一針クロスしながら進めていくという話を聞いてすごく納得したんです。子どもたちはこの時期不安になって「お父さんやお母さんと自分は違う存在なんだ」ということに対し、恐怖を覚える時期ではあるのですが、たくさんの"e"エーをやることで子どもたちがその時期を乗り越えていくことを手助けするのです。こうした意味でクロスステッチが4年生後半に行われます。シュタイナーの発達理論と連動しています。

三品：クロスステッチによって、子どもたちがすごく集中し、安定していくのを感じています。普段、ちょっと騒ぎがちな子どもが一生懸命、針を動かす姿をよく見かけます。クロスステッチは、どの子も本当に集中できる課題ですね。

柳本：そして、４年生後半から5年生にかけて。エポック授業では「動物学」が始まります。[122]動物というのは何らかの長けている機能をもっている存在だということを子どもたちは学んでいきます。例えば馬とか牛とかライオンとか。それぞれの特徴をみんなで学んでいくわけですが、その際には必ず人間と対比させながら学んでいくのです。ちょうどその時期に、手仕事では動物のぬいぐるみを作っていきます。ここでは４本足の動物を作らせます。

子どもたちが動物の絵を描いて、それを型紙におこしていきます。平面のものを立体に起こしていく作業が求められるのです。

三品：この作業を通じて、先の見通しを立てるという思考力の基礎となるような力を育むことにもつながります。

柳本：６年生では、より思考力がだんだんと備わってきますので、複数の棒針編みというのが入ってきます。例えば手袋作り。手袋は棒針を３本の棒で支えて、もう１本の棒で編み進めていきます［口絵７参照］。

三品：手袋作りにおいては、左右対象で、同じ大きさに編むということがとても難しいんです。一個目が大きくて、もう一つが小さいなどといったことがよくあるんです。バランスよく編んでいくことが求められます。しっかりと自分を持っていないとなかなか同じ大きさにはできないんです。

柳本：７年生ぐらいになると、骨格がしっかり育ってきて、それとともに、論理的思考や判断力がさらに育っていくところで、人形作り、そして人形の洋服作りをします。人形は男女ともにある意味、生徒たちの分身になるようなものを作っていきます。この時に手足はそれほど硬くないのですが、頭はしっかりと、大切な頭ですので羊毛を巻いて作っていきます。これを作っていると「人形なんて作ったって、しょうがないよ」といっていた男の子がいつの間にか人形を抱っこしていて(笑)。

三品：自分が作ったものに対する愛情だったり、愛着だったりとかが、思春期の子どもにとっての道徳教育のひとつになるのではないかと思います。

柳本：学校では思春期に突入しているな、と思えるような子が、実は家では人形と一緒に寝ているなんてことを保護者の方から聞くと、子どもにとって人形が安心材料になるんだなぁってことがわかります。人形作りは意味のあるものだと感じています。

三品：人形作りは保護者の方が喜んでくれます。お子さんにすごくよく似た人形ができあがるので。（笑）人形の小さな洋服を手縫いで作ることで洋服の構造を理解することができます。また、全て手縫いでオイリュトミーの時に着る服（オイリュトミークライト）を作ります。オイリュトミーの動きに耐えられる強度のものを、ミシンを使わずに作るのです。子どもたちは「えー、まだ縫うの？」っていう感じにはなりますけどね。忍耐力がつきます。

柳本：ミシンは産業革命についてエポック授業で学んだ後、つまり、エポック授業において「機械が導入されたことで、産業が発達した」という話を聞いてから使うことになります。ここでは、電気を使わない足踏みミシンを使うのですが、ミシンの構造もきちんと理解しながら導入します。特に男の子たちがミシンにハマる傾向があります。「ああ、こういう構造になっているんだ」ということを楽しそうに学んでいき、物理の学びも交えながら理解していくのです。

三品：それまでの学年では手縫いで苦労しながら作業を進めてきたので、感動もひとしおです。歴史の中で、人類はどうやったら大量生産できるかについて試行錯誤したのちに機械が生まれてくるわけですから。それまでの段階で手作業した経験があるからこそ、ミシンがこんなに便利なんだと、身をもって知ることができるのです。まさにミシンとの出会いによって人間の歴史を追体験することができるわけです。

8年生の劇について

柳本：8年生の劇の時も衣装作りはミシンを導入して作っていくんです。

井藤：演劇の衣装は毎年違いますよね。それは大変じゃないですか。

柳本：開校の何年間かはストックがないので、衣装を一から全部作っていました。でも、例えばシェイクスピア劇だったら、基本のアイテムは似ていたりもするので、だんだん使い回しもできるようになってきます。みんなで工夫してリメイクしながら進めています。ですので、毎回一から全て作っているわけではありません。

三品：準備期間は限られているので、各家庭に「ジャケットを探しています」とか「ブーツを探しています」と依頼をして提供していただくこともあります。

柳本：また、この時期に牛革のベロア素材を使ってモカシンという靴も作ります。羊毛とか綿の糸などの柔らかい素材とは異なり、ハードな素材を扱うことになります。この牛革が子どもたちにとってはかなり衝撃のようです。3年生の時に、家畜としての牛の乳搾りをしたり、バター作りをしたり、人間の生活にとって牛という存在がとても密接だったということを学んでいるのですが、手仕事の中で、実はこの靴を作るこの皮は牛の革をいただいているという事実を学ぶと、子どもたちはすごく衝撃を受けて、とても素晴らしい反応をしてくれます。私たちの生活の中で、牛の命をいただいて生活しているのだということを子どもたちは身をもって理解するのです。ランドセルやバッグなども牛の命をいただいているんだよと伝えるんです。そのような経験を経て、すごく感受性豊かな子たちが育っていきます。このような点にも手仕事の道徳教育的意義があるのかなと感じています。私たち大人が思う以上に子どもたちは柔らかな心で受け取ってくれます。

三品：子どもたちには感謝の気持ちを持って作業しましょうねと伝えているのですが、そうすると生徒たちは牛革のほんの小さな切れ端も「先生、これは捨ててもいいんでしょうか」と聞いてくるんです。靴を作る作業は楽しいですし、できたものもとてもいとおしい。8年生くらいの重くなった手足を靴はしっかりと支えてくれるんだよというメッセージを伝えるんです。

横浜シュタイナー学園は9年生までなので、9年生では卒業制作という意味を込めて、自分が着るシャツを作っています。そのシャツ作りは基本の形は決まっているのですが、色や襟の形や丈、ポケットの形を変えたり、それぞれマイナーチェンジをして丁寧に型紙から作っていきます。一人一人、自分が作ったシャツを着て卒業演奏に臨んでいます。今までも自分で作ったものを色々と使ってきてはいるのですが、普段自分が着られるシャツを作ったんだということで、子どもたちはとても誇らしげに見えます。

また、8年生までくるとあまり教師は口を出しません。ちょっと作業のゆっくりな子がいるとお互いにサポートしながら、得意な子がちょっとのんびり作業している子を支えてあげる。いい雰囲気のなか、みんなで完成させようよという助け合える雰囲気ができています。

その後、さらに竹籠あみもします。それだけの硬い素材とも向き合えるだけの年齢になってきていますので。学校の近くに里山交流センターという横浜市の施設があるので、そこの竹林で採れた竹を使わせていただいています。竹籤を作って竹細工を販売しているグループの方が講師となり、生徒たちを指導していただき、可愛らしい竹籠を一人一つずつ作るという授業を行なっています。

柳本：そして手仕事という領域を超えて、美術・工芸の範疇に入るのですが、9年生ではさらに硬い素材に取り組むということで、銅の工芸、鍛金を行っています［口絵10参照］。銅の一枚板を打っていって、このようなものを作ります。すごく大変な作業なのですが、これまで様々な経験を積み上げてきた子どもたちなので、藤野のシュタイナー学園さんにお邪魔してご指導いただき、毎年9年生が3〜5日間かけて実習をさせていただいています。

触覚をしっかり育てていくという意味ではシュタイナーの考え方で言うと、十二感覚と言う独特の考え方があります。触覚という最初の7年期にしっかりと育つ感覚の対比として、自我感覚があると言われていますが、触覚をしっかりと育てることは自分と他者の境界を知るということでもあり、他者の自我の境界をしっかりと認識できるというような感覚も育つと考えられています。しっかりと触覚を育てることで人の思いやありようを推し量ることのできる子どもたちが育つのではないかと感じています。

三品：シュタイナー教育では、7歳までに一番育てたい気持ちが感謝の気持ちだと言われていますが、私たちも素材への感謝の気持ちが大事だということを子どもたちに伝えています。感謝の気持ちは、第二・7年期になると人への愛情へと変わっていきます。それはさらに広い範囲での愛情にもつながっていく。感謝の気持ち、祝福を覚えた人は、人に祝福を与えられる老人になることができるということを考えると、手仕事を通じて体験したことがゆっくりと実を結んでくれたらいいなと思います。

クラスがうまくいっていない場合に手仕事の教師はいかに子どもと関わるのか

井藤：別の角度から質問をさせてください。長い年月クラスが同じだと、良い時ばかりではないと思います。クラス内の雰囲気があまり良くない場合、例えば、子どもたち同士の関係がうまくいっていない場合、いざこざがあった場合には、手仕事の教員として子どもたちとどういう関わりをされているでしょうか。

柳本：もちろん、そのような状況は、どこの世界でもあると思います。ただ、特に手仕事の時間は子どもたちが本音を吐露する時間だったりもします。いろんな姿がいろんな教科で見えると思いますが、手仕事の時間、週2時間の中で子どもたちの様子は結構手にとるようにわかってしまいます。

本当に小さな芽のうちにきちんと問題を把握して、担任の先生とも話し合いながら、いじめのような形になってしまう前に子どもたちのいろいろな行動を把握することに努めています。授業が終わったらその日の子どもたちの様子の中で気になることを担任の先生に伝えます。「○○さんがちょっと寂しそうな表情をしている」とか。傷つけるような言葉を言った子どもの側の心持ちもよく見るように心がけています。実はその子自体が寂しいから別の子にネガティブな言葉を浴びせかけている可能性もありますので。

三品：ひとりの子が「なんでそんなふうにみんなに突っ掛かっちゃうのかな」と思ってたところ、手仕事の個別指導の時に、実は「朝、お母さんと喧嘩したんだよねー」とかちょっとしたことを手仕事の教員には子どもは言いやすいようなのです。その子のその日の心情をいち早くキャッチするような感性を私たちは持っていなければならないなと思っています。なんとなくクラスの輪の中に入れない子どもがさりげなく近寄ってきて、授業の前の準備を手伝ってくれる時などは、あえて理由は聞かずにその子が満足できるように一緒に仕事をして、「ありがとう」と伝えます。そういう小さなことで子どもに自信をつけてもらえるようにします。教師がみんなで一人ひとりの子どもを見ていくということが大切だと思います。

柳本：シュタイナー学校の子どもたちの中には、「勉強ができる子がかっこいい」みたいな先入観がないんです。以前、美術・工芸の分野である木工で木を黙々と彫って仏様を作り上げた子がいたんですけど、その技術のかっこよさと数学の計算問題がテキパキできるかっこよさが等価値なんです。シュタイナー学校にはその子のもっている素晴らしさを等しく、お互いに認め合える土壌があります。手仕事の授業の際に、ある子はものすごく作業がゆっくりなのだけれど、できあがったものの美しさは誰にも負けない、といったことがあります。お互いの良さを知っているので、「ゆっくりだけど、きれいなんだよね」といった言葉が発せられ、遅い子というレッテルが貼られないんです。

三品：ちょっと意地悪かなぁと思う行動をとる子の方が自信を持っていなかったりもします。

手仕事の教師による雰囲気作り

井藤：子どもたちが本音を吐露しやすい雰囲気をどう作っていますか？

柳本：授業の中でも一人ひとりに声をかけてそばに呼んだり、その子に寄っていったりもしますが、子どもたちがやっていることについて教師がしっかりと目を向けて、受け止めて、「わかっているよ、見ているよ」というメッセージを子どもたちに伝えるように意識しています。

三品：授業が始まる挨拶の時にまず全員の顔を見て、一人ひとり顔を合わせて「こんにちは」というとか、低学年だと教師は服装にも気をつけます。小さな子はふわっとした感じの服装だとつかまりやすかったりします。ピシッとどこもスキのない服装よりもふわふわした服装の方が子どもたちが近づきやすいようです。

柳本：女性の先生は長いスカートを履いて。子どもが近づきやすい服装を身につけることを心がけています。甘えやすい服装と言うのがあるんですよね。色も重要です。

三品：あとは必ず笑顔で。

井藤：低学年のうちから手仕事の先生は困ったらすぐ助けてくれるという感覚が培われているのですね。手仕事の先生に対する絶対的な信頼がベースに潜在している。

柳本：横浜シュタイナー学園では手仕事の教員は1年生から9年まで持ち上がりなのです。低学年から愛情をたっぷりかけているので、思春期とか反抗期の時に、色々反発したとしても根っこのところで子どもたちは「大丈夫、先生たちに好きでいてもらっている」と思える感覚があるのだと思います。

第3章　後注

97 子安 1998

98 ヴェンシュ 2007　p.25

99 なぜシュタイナー教育における音楽の内実を探るにあたって、その理論的背景にまで遡る必要があるか。シュタイナー教育の独自の実践を読み解く際、多くの先行研究では、しばしば「シュタイナー教育ではなぜそうした特異な実践を行うのか」という素朴な問いに対し、その回答をシュタイナーの人智学そのものに求める。周知のとおり、シュタイナー思想（人智学）は、極めて特異であるが故に、その秘教的説明はシュタイナー思想に馴染みのない者にとっては説得力に欠け、結果、必然的に排他性を帯びることとなる。一例を挙げよう。シュタイナーは「音楽の満足感」をめぐって次のような解説を行う。「(音楽をとおして得られる浄福感は) 人間がアストラル体によってエーテル体を統禦しえたと感じたときの満足感と共通したものだ、ともいえます。この満足感は、すでにエーテル体の中に存在している響きをより霊妙な響きにまで高めることができたとき、もっとも強く感じることができます。エーテル体は通常、自分の中にすでに存在している響きをアストラル体の方へ送り込んでいます」(Steiner 1989a,S.17=2004　pp.235-236)。人智学用語が多用されるこうした説明を、人智学に馴染みのない者は容易に受け入れることができないだろう。そこで本章では、シュタイナーの教育理論を開いてゆくための一つの方法として、彼の音楽理論を支える理論的基盤にまで遡って検討を試みる

100 渡辺 1997 pp. 296-297

101 ショーペンハウアーは、幼い頃から音楽に親しんでおり、とりわけロッシーニ、モーツァルト、ベートーヴェンの音楽を高く評価していた［三輪 1988］

102 「物自体」とは経験の背後にあり、経験を成立させるために必要な条件として要請したもの。カントはこれを認識不可能なものとみなした

103 この点についてショーペンハウアーは次のように述べる。「音楽がほかの芸術いっさいから異なる点は、それが現象の模像ではなく、より正確に言いかえると、意志の十全な客体性の模像であり、それゆえに世界の自然的なもののいっさいに対しては形而上学的なものを、現象のいっさいに対しては物自体を展示するということであるからである。これにしたがって、世界を意志の体現とよぶこともできれば、音楽の体現とよぶこともできよう」［Schopenhauer 1960,S.366=1973 p.159］

104 マン 1975 pp.213-214

105 Steiner 1989a,S.12=2004 p. 227

106 Ibid.,S.12= 同上 p. 227

107 Ibid.,SS.12-13= 同上 pp.227-228

108 Ibid.,S.18= 同上 p.237

109 この点に関してショーペンハウアーは次のように述べる。「作曲家は世界の最も奥深い本質を顕わにし、おのれの

理性も理解することのない言葉により、最も深い知恵を表明する」［Schopenhauer 1960,S.363=1973　p.155］

110 Steiner 1989a,S.18=2004　p.237

111 Ibid.,S.28=1993　p.27　一部改訳

112 Steiner　2000a, S.333

113 Steiner 1999a,S.84=1995　p. 88

114 Steiner 2000a,S.131=1982　p.131

115 Steiner 2005b,S.65-66=2007　p.54

116 音楽において感覚的なもの＝超感覚的なものはメロディーによって果たされる。「音楽には内容があります。音楽の内容は、本質的にメロディーの要素です。…メロディーの要素は、どこに由来するのでしょう。メロディーの要素は、彫塑の要素と比べることができます。彫塑の要素は空間的に配置されています。メロディーの要素は時間的に配置されています。時間の進行に対して活発な感情を持っている人は、メロディーの要素のなかに一種の時間的な彫像が含まれている、ということに思いいたるでしょう。メロディーの要素は、外界の彫像に相当します」［シュタイナー 2005　pp.131-132］

117 この点についてヴェンシュは次のように述べる。「音楽が楽しいのは、ひょっとしたら、私たちが音楽を奏でるときに、たえず霊的世界と感覚的世界の境界で動いていて、多少なりとも意識のある状態で私たちの霊的な原存在を体験しているからではないでしょうか」［ヴェンシュ 2007　p.36］

118 なぜペンタトニックに調律されているかについては118頁を参照のこと

119 「5度の雰囲気（気分）」とは、5度の音程がもつ、始めと終わりがはっきりしない循環的、開放的な感じを表している

120 1オクターブが5音で構成されている5音音階。Aの音を中心として5度関係の音で構成されるD・E・G・A・Bの5音音階の場合、不協和音にならず心地よい響きが生まれる

121 横浜シュタイナー学園における手仕事の実践については横浜シュタイナー学園 2007 2014 2016も参照

122 横浜シュタイナー学園における動物学の学びについては横浜シュタイナー学園 2018 参照

第4章　道徳教育としての国語教育

1．国語における道徳教育――ユーモアエポックの事例

シュタイナー学校では各教科の中にいかなる形で道徳教育が浸透しているのであろうか。紙幅の都合上、すべての教科について詳述することは叶わないため、ここでは、9年生（中学3年生）における国語の授業を例に、教科の授業内で道徳教育がいかに果たされているかを見ていくことにする。

ここで取り上げるのはユーモアエポックの実践である。この事例について分析してゆくにあたって、まずは国語のカリキュラムにおけるユーモアエポックの位置づけについて確認しておくことにする。

ユーモアエポックの位置づけ

シュタイナー教育の教育課程は1年から8年の初等・中等部、9年から12年の高等部と二分化されている。その大きな違いとして、前者では8年間持ち上がるクラス担任が国数理社の基本教科を教えるのに対し、後者は教科担任制になる。教え方の違いとしては、最初の8年間が子どもの感情面を耕すことに重心を置く指導であるのに対し、9年以上は生徒の心的成長に合わせて、学問的な視点での学びをすることを生徒自身に意識させ、思考力・判断力の育成を目指す指導を行なう点が挙げられる。

したがって9年生は、高等部の学びの出発点と位置づけられる。そのカリキュラムにおける「国語」(「ドイツ語・ドイツ文学」)の授業内容について、『Konferenzen mit den Lehrern der Freien Waldorfschule in Stuttgart Erster Band(シュツットガルト自由ヴァルドルフ学校教員との会議 第1巻)』に次の4項目が挙げられている。[123]

1. ゲーテとその時代を扱う(ヘルマン・グリム『ゲーテ講義』の抜粋講読)
2. 美学の基礎的な問題を扱う(ジャン・パウル『美学入門』中のユーモアの章[124]の講読)
3. 前年に行なった歴史の中から特定のテーマを選んで作文する
4. 文法は音韻変化の法則を取り上げる

ここでの特色は、第一に、他教科との連携や学年をまたいだ連続性が見られることである。たとえば、1.「ゲーテとその時代」は、前年度から連続発展するテーマである。2.「美学」は高等部カリキュラムに登場する教科で、9年は美術、10年は詩歌、11年は音楽、12年は建築の各領域を扱うことになっている。9年からの美学の導入は、自然界の抽象的な法則の学習とのバランスを取るべく、芸術に対する理解を育てるのが目的である。[125]

そして9年の「ドイツ語・ドイツ文学」(国語)の授業においては、美学・文学史・歴史が融合することが望ましいとされている。[126] その入門としてユーモアに焦点を当てている点に留意すべきである。つまり、美学の観点からのユーモア理解が目指されているのである。3.「歴史」との連携については、8年で近現代史を学んでいるので、それに関連する素材を選ぶことになる。

第二の特色は、教材選択に関して『ゲーテ講義』『美学入門』をテキストとしている点である。これらの著作は、どちらも論考である。テキスト講読の過程で、関連するゲーテの作品群やユーモアに関する文芸作品を取り扱うとしても、基本は論理的な文章の読解に重点が置かれているといえる。日本の国語教科書のように、単元ごとに小説・詩歌・評論・論説といったジャンル別の比較的短くまとまった文章を数多く並べて読むのではなく、大きな俯瞰的なテーマを掲げて、一つか二つ長文のテキストをじっくりと読み込む授業が主流となる。主たる作品を入り口として、テーマとそれに関連する諸問題を汲み取り、話し合い、思索を深めていくのである。

では、そもそもユーモアエポックがシュタイナー教育の国語のカリキュラムにおいて、なぜ9年生に配置されているのか。その理由について、近年T. リヒターが編纂したカリキュラム書では、次のように説明がなされる。

「9年生は自分の立場を絶対化したり、視野が狭くなったりして、極端な見方に偏りがちな傾向がある。ユーモラスな文芸作品について話し合うことで、適度に緊張を緩め、解きほぐし、距離を置く作用を生み出すことができる。笑いは、人間の心性の本質的な行為の一つである。笑うことによって、人は自分自身を解放するのだ」[127]

14、15歳という年齢において、生徒は自らの立場を絶対化し、視野を狭め自我の殻に閉じこもりがちな時期とみなされている。シュタイナーの発達論によれば、人は7年ごとに節目を迎える。0～7歳を第一・7年期、7～14歳を第二・7年期、14～21歳を第三・7年期と捉え、第二・7年期は信頼できる大人に従う体験が必要と考えられている。14、15歳という時期は第三・7年期のはじまりにあたり、シュタイナーによれば、子どもはこれまで身につけてきた事柄を否定する態度に出るという。[128] そして、とりわけ「この時期の少年は、殻に閉じ籠もることを愛している。この時期に自分の殻に閉じ籠もらない少年がいたとしたら、むしろ教師はそのことの方を心配しなければならない」[129]と述べる。こうした時期にあって、笑いを通じて自己を解放することがユーモアエポックでは狙われているのだ。すなわち、自分の殻に閉じ籠もるという重さからの解放が目指されている。

シュタイナーにおける笑いの意味

シュタイナーにとって笑いとはいったい何なのであろうか。シュタイナーの笑い論の解釈は、シュタイナーの思想解釈において瑣末な問題ではない。結論を先取りすることとなるが、彼は笑いと自由が密接に関連していると主張しており、笑いは自由獲得に際して大きな鍵をにぎるのである。すなわち、シュタイナー教育の目指す自由獲得の問題が、笑い論という一見するところ自由の問題とは無縁のようにも思われる議論の中に立ち現れているのである。シュタイナー教育の具体的な実践の中で、笑いと自由が密接に絡み合いながらカリキュラムが組み立てられている。そして、こうした構図のうちに、道徳教育において果たすべき課題が潜在しているのである。

次節では、ユーモアエポックの具体的実践を紹介する前に、予備作業としてシュタイナーの笑い論を読み解いておくことにしよう。

2. ツァラトゥストラの笑い――シュタイナーのニーチェ解釈

シュタイナーが笑いについて言及する際に引き合いに出しているのが、ツァラトゥストラの笑い(Zarathustra-Lächeln)である。シュタイナーはツァラトゥストラの笑いに関して次のように述べる。

「一切の低俗なもの、俗悪なものからの解放が「ツァラトゥストラの笑い」によって表現されている。…このツァラトゥストラの笑いによって、地上の凡ての被造物が歓声をあげ、そして悪霊たちは逃げ出したのだ。実際、このツァラトゥストラの笑いは、自由なる自我本性が、からまれてはならないものから引き上げられることの世界史的な象徴なのだ」[130]

では、ツァラトゥストラの笑いとは何か。ここで想起されるのは、ニーチェのツァラトゥストラである。シュタイナーの笑い論の核心部分を描き出すにあたって、彼がニーチェ哲学をいかに読み解いていたか概観しておこう。予め留意すべきは、シュタイナーがニーチェ哲学を極めて高く評価していたという点である。高橋巖が述べているように、シュタイナーは基本的にニーチェを全面肯定していた[131]。

１８９５年に発表されたニーチェ論（『ニーチェ―同時代との闘争者 Friedrich Nietzsche,ein Kämpfer gegen seine Zeit』）において、シュタイナーは「ニーチェの努力の究極の目標は『超人』類の描出にある」[132]と述べ、超人思想の内に、自身の自由の哲学との通底を見てとり、その思想に共鳴している。

とりわけ、シュタイナーのニーチェ解釈において、超人＝強者＝自由を獲得した人という図式が成立している。シュタイナーによれば、「高次の権威の命令に従う」人間は、ニーチェにとって弱者とみなされる。弱者は自分の善悪の判断を「永遠の世界意志」などに指図してもらう。「弱者は万人に平等の権利を言いわたし、人間の価値を外面的尺度で定めようとする[133]」。

一方、ニーチェにとって、弱者に対比される強者とは、「認識によって事物を思考可能にし、その結果事物を自分に従属させようとする」者である。「彼は自分自身が真理を創った者であること、そして自分の善や悪を創り出すのが、ほかならぬ自分であることを知っている」[134]。ニーチェによれば、ここでいう強者こそが超人なのであり、この超人こそが真に自由なのである。右記の弱者は超人に至る単なる通過点にすぎない。

さて、シュタイナーは、ニーチェ哲学における強者の持つ精神をディオニュソス的精神と呼ぶ[135]。「ディオニュソス的精神は、行動の動機をすべて自らの中から取り出し、外的な力には少しも従わないがゆえに自由な精神と言える」[136]というのだ。なぜなら自由な精神は自分の本性にのみ従うからである。自由は人間が自分の内側に行為の理由を持ち、いかなる外的な力にも屈服しない場合にのみ実現される。行為の動機を自らの内に見出すことが超人の必須命題である。

そして、シュタイナーによれば、このディオニュソス的精神を特徴づけるものこそが笑いなのである。シュタイナーは端的に「笑いこそがディオニュソス的精神の特徴である」[137]と述べる。そして、杉橋が指摘しているとおり、「笑いはニーチェ思想の根本に関わり、『ツァラトゥストラ』では踊りと並ぶ高い地位を獲得している」[138]。実際、『ツァラトゥストラ』の中では「あなたがた自身に笑いを浴びせることを学べ」[139]、「あなたがた自身を乗り越えて哄笑することを学べ。あなたがたの胸を高くあげよ、高く、もっと高く！」[140]など、笑いについて言及している箇所を拾い出せば20箇所近くにのぼる。[141]

そしてツァラトゥストラの笑いについては、クンナスが次のように述べている。「ツァラトゥストラにとってもニーチェにとっても、笑いは自然で愉快な明朗さのあかしではない。…きわめて自由な精神のメルクマールである。一切の絶対的価値を相対化し、認識者にその自由を確保するために、ツァラトゥストラの笑いは存在する。…ツァラトゥストラにとって笑いは、古い価値を粉砕し新しい未知の可能性への道を用意する手段である[142]」。

そして、先に見たとおり、シュタイナーのニーチェ解釈においても笑いは超人の有する一つの大きな特徴とみなされており、笑い自体が自由の獲得と不可分のものと捉えられているのである。この点について、シュタイナーは次のように述べる。「笑いが起こるときはいつも、何かから自由になっています[143]」。またこのことは次のようにも言い換えられる。「ユーモアとはものごとから私たちを超越させてくれるような何かです[144]」。

では、シュタイナー思想において、笑いはいかに自由と結びついているのだろうか。シュタイナーは、「人間の自我は笑うことで、…自分が自由になり、引き上げられた、と感じる[145]」と述べ、「自我は、笑うことによって、自己解放力を強め、この世界にとらわれることのないように[146]」するのだという。現実世界からの自我の解放。シュタイナーは、感覚界に捕らわれた状態を不自由とみなしたが、笑いによって感覚界からの解放へと導かれると考えたのである。

「なぜ、人間は笑うのでしょう。笑うのは、「自分は周囲よりも高い。自分は周囲で起こっていることよりも高い」と、感じるからです。自分が観察するものよりも、自分が上に立っているとき、人間はいつも笑います」[147]

この点について杉田は、「ツァラトゥストラの笑いは、笑う本人の境地の高さ、精神の快活さ、はれやかさを示す「高み」の哄笑であることにも、注意しなければならない」[148]と述べている。かくして、笑いをつうじて我々は感覚界から離れることが可能となる。だが、それはシュタイナーのニーチェ解釈が示すとおり、現世否定を意味するのではない。自我から解放されることはより深く現実とかかわっていくための、換言するならば、自らの世界を獲得するための不可欠の過程なのである。我々は現世に縛られていては真の意味で笑うことができない。感覚界から解き放たれ、高みに立つことができたとき、我々ははじめて笑うことができるのである。この点についてシュタイナーは次のように述べる。「自分の本性がツァラトゥストラの笑いと共に引き上げられるときには、地上の凡ては歓呼の声を上げることでしょう」[149]。

強者ツァラトゥストラは感覚界への繋縛から解放され、高みに立っている。それは、現実逃避でも現世否定でもなく、感覚界のなかで自由を獲得した状態なのである。すなわち超人は感覚界のうちにあって感覚界を脱却するという二重性を生きているのである。この意味において、笑いは我々の生活にとって非常に身近でありながら、[150] シュタイナーにとっては人間形成上目指すべき最高の境地、すなわち自由と深く結びついているのである。

以上、シュタイナーの笑い論においてはツァラトゥストラの笑いが一つの重要なイメージとなっていることを浮き彫りにさせた。次節では、そうした彼の笑い論がシュタイナー教育の具体的実践のうちにいかなる形で具現化しているかを見ていくことにする。興味深いことに、シュタイナーは笑いについて論ずる中で、自由との関連において笑いが教育手段になりうると述べている。[151] 次節ではユーモアエポックの具体的内容を追っていくことにしよう。

3．学校法人シュタイナー学園におけるユーモアエポックの授業
―ユーモアエポックの授業方針と授業計画

授業の流れ

ここで取り上げるのは、学校法人シュタイナー学園において、２０１４年度3学期に行なわれた9年生（中学3年）の国語、ユーモアエポックの実践である。担当したのは同校で長年国語科の教員を務めた不二陽子氏である。ユーモアエポックは毎日午前中約100分間、３週間連続で同一科目を学ぶエポック授業形式で行なわれた。

エポック授業の利点は、領域横断的な内容を組み合わせて、段階的に深めていく学び方を可能にする点にある。毎日継続する授業形態は、集中的な取り組みが要請される創作活動や表現活動にも適しており、そうした特質が活かされる授業内容となるよう本授業は設計されている。左表は3週間にわたる授業計画の内容をまとめたものである。

ユーモアエポックでは、週ごとのテーマを、笑いの「分類→分析→探求」と深めていき、それぞれの段階においてテーマに即した教材が選定されている。まずは、３週間にわたって展開されるユーモアエポックの流れを確認しておくことにしよう。

各週のテーマ	主な教材と授業内容	副教材	リズム教材
第１週 「笑い」の 分類	・わらいを表す漢字と熟語から笑いを分類する ・コント（笑い話）の一部を創作し発表する ・コントから「オチのパターン」について考える	段駄羅 （創作）	漢詩 「静夜思」 李白
第２週 「笑い」の 分析	・教材を読んで「国民性と笑い」について考える ・ユーモアエッセイ『ツチヤの軽はずみ』[152] ・評論『エスプリとユーモア』[153]	前句付け （創作） 杜甫	漢詩 「春望」
第２週 「笑い」の 探求	・ユーモア小説『山椒魚』[155]を読んで 「喜劇と悲劇の関係性」について考える ・エポックの総まとめ	『世界の 日本人 ジョーク集』[154]	俳諧 芭蕉の句 を二句

第1週〈笑いの分類〉は、主に2つの活動を柱として授業が展開してゆく。第1に、笑いの意味内容にしたがって漢字や熟語を分類する活動。第2に、どんな場面で笑いが生まれるのかを、コントのオチのパターンを分類することによって発見する活動。

これら2つの活動のねらいは、次の3点に集約される。

①無意識に見過ごしていた笑いを意識化する。

②笑いには人間の多面的な心理要素が働いていることに気づく。

③日常生活で可笑しみをもたらす出来事には、あるパターンがあることを発見する。

第2週〈笑いの分析〉では、第1週の気づきや発見を踏まえて、評論文の読解を中心に、「国民性と笑い」について考察が進められる。そのねらいは、日本人と諸外国人との対比による相互理解から、最終的には自分たち自身を知る、つまり自己認識につなげていく点にある。具体的にはユーモアエッセイ『ツチヤの軽はずみ』（土屋賢二）中の一文を読んで、その笑いの特徴を考察した後、主教材である評論『エスプリとユーモア』（河盛好蔵）をもとに、イギリスのユーモアとフランスのエスプリの比較が行われる。また、副教材として、日本人と諸外国の人々の典型的な行動パターンを対比した『世界の日本人ジョーク集』（早坂隆）を素材に、各国民のメンタリティについてディスカッションの場が設定される。そのねらいは、笑いの側面から他文化と自文化とを比較しつつ理解することにある。さらに並行して、江戸時代の遊戯的な文芸「段駄羅」と「前句付け」の創作が行われた。

第3週〈笑いの探求〉は、ユーモアエポックにおける学びの総集編として位置づけられる。ここで取り上げられるのがユーモア小説の名作・井伏鱒二作『山椒魚』である。この作品をつうじて、作品に描き出された悲劇性と喜劇性との密接な関係について考え、笑いがもつ奥深さとユーモアの本質に気づき、人間における笑いの意味を感じ取ることが目指された。

くわえて、毎日のエポック授業の始めに、生徒たちの心身のリズムを整え、クラスの空気を一つにまとめる意味合いもあって次の韻文の朗唱が行われた。

漢詩2題：李白「静夜思」、杜甫「春望」

芭蕉の句2句：「古池や蛙飛び込む水の音」「旅に病んで夢は枯野をかけ廻る」

このうち「古池や〜」以外は、前述した土屋賢二のエッセイにパロディとして登場する作品であり、また各作者の代表作でもあるので、古典や歴史との関連も視野に入れて、これらの題材が選定されるに至った。

なお、エポック授業（105分）の時間配分は以下のとおりである。エポック授業は、目覚め・活動・眠りという人間の一日の生命活動に対応した三段階の展開が基本である。国語では、授業の特質に合わせて次のように時間が配分された。

1．リズム部分（詩の朗唱など）：5〜10分

2．中心部分（テーマに関わる学び）

・前日までの復習と深化：25〜30分

・新しい学習事項：45〜50分

3．板書の書き取り・メモの整理：10〜15分

以上、ユーモアエポックの3週間の流れを追ったが、次にそれぞれの週でいかなる学びが展開されたかを具体的に描き出すことにしたい。

ユーモアエポック　第1週の学び

第1週の〈笑いの分類〉の授業では、まず生徒たちに「語句集め」の宿題が出された。それは「わらう」と訓読する漢字を漢和辞典で調べ、それぞれの字の意味と、その字を含む熟語を収集するというものである。翌日、持ち寄った漢字と熟語の意味を4~5人のグループで比較対照し、笑いの意味内実によって分類する作業が行われ、最後にクラス全体でグループごとの分類結果を分かち合い、エポックノートにまとめた。

「わらう」と読む漢字の数は、高校生が使う漢和辞典でも、多いものは10を超える。この分類基準を生徒たちに発見させることが、論理的な思考力を養うのにも有効となる。生徒たちが導き出した分類基準は、以下の3項目にまとめられた。もちろん、重複して当てはまる漢字・熟語もある。

■身体的な表現を表す：嘻《き》（ひっひっひとわらう）、听《ぎん》（歯ぐきをむき出してわらう）
呵呵《かか》（大声でわらう声）、哄笑《こうしょう》（大口を開けてわらう）など

■笑いの程度を表す　：咥《き》（大笑する）

■心理的な要素を表す

微笑《びしょう》（ほほえむ）、爆笑《ばくしょう》（どっと吹き出すようにわらう）など

ポジティブな笑い：欣《きん》（喜びわらう）、朗笑《ろうしょう》（晴れ晴れとわらう）など

ネガティブな笑い：嗤《し》（あざわらう）、嘲笑《ちょうしょう》（馬鹿にしてわらう）など

この活動をとおして何人かの生徒たちが気づいたのは、嘲り笑いやそしり笑い、つまり人を見下した笑いを表す漢字や熟語が意外に多いという事実であった。この気づきは、笑いについて考察を深めるにあたっての最初の重要な視点となった。

ユーモアエポック　第2週の学び

第2週のテーマ〈笑いの分析〉では、評論文『エスプリとユーモア』の読解が中心となり、論理的な文章を、文章構成に留意しながら正確に理解することが目指される。評論文を読む導入として、最初に土屋賢二のエッセイに触れるのは、この作者が得意とする論理性の曲芸を駆使した可笑しみを味わうためである。可笑しみの感じ方は人によって差があるが、とくに論理性の笑いに対しては可笑しみを感じるか否かの違いが明瞭に顕れる傾向がある。生徒がどこに面白みを感じたか、あるいは感じなかったかを話し合うことによって、それぞれの個性が顕わとなり、相互理解につながる。

『エスプリとユーモア』では、フランス人の笑いであるエスプリと、イギリス人の笑い、すなわちユーモアの具体例が豊富に紹介されており、両者を比較して笑いの特質を理解するとともに、国民性の特色をも推し量ることができる。英仏の歴史や多数の人物が登場するので、内容理解のためには基礎知識が必要だが、その点に留意すれば十分に9年生の国語力で理解できる文章である。2つの章「ユーモアの定義」と「エスプリとユーモア」から一部分が使用された。

ユーモアはどの生徒にとっても既知の用語であり、生徒たちのうちに一定のイメージが形成されていたが、その由来や歴史については十分な理解が得られていなかった。一方、エスプリについては、多くの生徒にとって未知の言葉であった。生徒たちは丁寧な読解をとおして、エスプリが他者に対するある種の攻撃性や鋭さを有する笑いであるのに対し、ユーモアの笑いは誇張された模倣によって人間に内在する愚かしさに向けられるものであることを理解した。

いずれの場合も度を超すと人を傷つけ、ついには死に至らしめる危険性があることをも、本文に紹介された実例は教える。たとえば、イギリスのユモリスト、ロナルド・ノックスは、ロンドンで勃発した架空の革命の実況放送をラジオで行った。そのラジオ番組を聴いていた心臓の悪い老婦人が、「爆破の音と群衆がサボイ・ホテルをぶっ飛ばしたというニュースを聞いたとたんに死んでしまった」というのである。[156] あまりにもリアルな放送だったのだろう。生徒たちの学びは、罪のない単純な笑いを享受する段階から、より複雑な笑いとその影響について考える段階に進んでいった。

さて、1週目から2週目にかけて、右記の内容とは別に「段駄羅」と「前句付け」の紹介と創作が行われた。木村功によると、段駄羅とは「能登半島（石川県）の輪島で、漆塗り職人の仕事場を中心に、かつて大流行した短詩型文芸で、言葉の二重構造を楽しむ言葉遊び[157]」であり、300年近い歴史があるという。俳句や川柳と同じく五七五の形式を使い、中の七音が二つの異なる意味合いをもって上の五音と下の五音につながるように創作する。前半の五七と後半の七五とは、それぞれ独立しており、前後相互の関連は求められない。

段駄羅は現代ではあまり知られていない文芸であるが、一方で生徒たちが想像力を養い、他方で日本語の特色である言葉の多義性に気づくのに有意義な取り組みである。そこで、第1週目にこの創作活動が行われた。段駄羅の創作は宿題として課し、全作品を記載したプリントを配布し、生徒たちは気に入った作品を1位から3位まで選んで投票した。クラスで1位から3位に選ばれたのは、次の作品だった。

1位　無罪かな　いやしけいです（いや死刑です／癒し系です）　あの美女は
2位　お父さん　ふとりつづける（太り続ける／歩取り続ける）　負け将棋
3位　オルゴール　まくとなるとも（捲くと鳴るとも／マクドナルドも）　異物あり

3位の「マクドナルドも異物あり」は、商品として販売された加工食品に異物が混入していた、というニュースが世間を騒がせた時期のものである。右記のように中の句を平仮名で表記する方法は正調と呼ばれ、括弧内のように二つの意味を書き並べる方法は「解き明かし」と呼ばれる。正調の作品を読むと意味を判読する楽しみがあり、それは書き言葉でこそ可能になる楽しみ方である。生徒たちは創作を楽しみ、正調で表記された級友の作品の解き明かしをも大いに楽しんだ。

第2週目に取り組んだ前句付けは、同じく江戸時代の中期に流行した雑俳[158]の一つで、題として示された七・七の前句に五・七・五の付け句をつけて優劣を競う、遊戯的な文芸である。題は古典に取材した「切りたくもあり切りたくもなし」「うれしくもありうれしくもなし」で、生徒投票で次の作品が1位に選ばれた。

藤野からテープを持って緑区へ　切りたくもあり切りたくもなし
難聴で授業の悪口聞こえません　うれしくもありうれしくもなし

1番目の作品は、在籍校の所在地の地名が変遷した経緯を踏まえて詠んだものである。かつての行政区域名・藤野町は相模原市に編入されて町名が消滅し、数年後に政令指定都市になって緑区へと名称が変わった。関係者はテープカット用のテープを用意して相模原市緑区になる祝賀式に臨んだものの、藤野という旧称への愛惜の念がまだ消え残っている。いざテープが切られようとするときに生じただろう内面の揺らぎ、微妙な住民感情を掬いあげた作品である。2番目の作品は、その出題をした前後に「ちかごろ耳が聞こえにくくなって…。これをユーモア精神で乗り切りたいのだけど」と漏らした教師・不二陽子氏のつぶやきを、耳ざとく聴きとった生徒が作ったものである。

段駄羅がもじりの文芸でクイズの要素を持ち、文字を読んで楽しむのに対して、前句付けは発想の面白さが決め手になり、書き言葉でもよく、口頭の即興性を楽しんでもよい。どちらも想像力に働きかける点は共通しているが、楽しみの質が違う。両者の刺激を受けて、言語感覚と発想力、しなやかな感受性が養われた。

ユーモアエポック　第3週の学び

第2週の「国民性と笑い」についての学びは、ユーモアの特質を浮き彫りするものであったが、その理解をさらに掘り下げることになるのが第3週の実践である。小説『山椒魚』は、成長しすぎて棲家の岩屋から出られなくなった山椒魚の悲嘆を描いている。小動物に託して描かれる人間的な心情に寄り添いながらも、相手が動物であるため、生じている悲劇のリアリティから距離を置いて見ることができ、ユーモアの特質を理解するのに適した作品である。なお、『山椒魚』は作者による改訂が何度も行われている。教材として使用したのは、岩屋に紛れ込んだ蛙と山椒魚との口論から和解までが描かれる普及版である。

この作品は従来、高校の教科書に採用されてきた。では、中学生の教材としては不向きだろうか。かならずしも、そうとは言えない。名作というものは、読者の年代や経験に応じて異なる味わい方ができる幅広さと奥行きをもっている。『山椒魚』もその例外ではなく、9年生の心的成長段階に相応する読み味わいは十分に可能である。

ストーリーはシンプルなので、用語の意味を丁寧に押さえながら読み進めれば、9年生が主人公・山椒魚の心情を読み取ることはそれほど困難ではない。授業のねらいは、作品の鑑賞をとおしてユーモアの深みに触れることである。生徒の心的成長の度合いはさまざまであり、かりに作品からユーモアを汲み取ることが難しい生徒がいたとしても、ユーモアの多層性について考えるきっかけとなる。

文学作品は、さまざまな視点や角度から読むことができる。あらかじめ特定の視点や課題を生徒に明示せずに読み進む方法もあるが、このエポックでは初日に全体の授業予定を告げた際に、『山椒魚』をエポックテーマとの関連で読み解いて行くことを告知したので、生徒たちは心づもりができていた。そこで第2週末日の授業終了時に『山椒魚』の本文を配布し、読解の準備として音読と難語の意味調べの宿題を課した。そして翌週の初日の授業では読解に関する3つの指針が示された。

1．本文中のいろいろな笑いと、笑った理由を読み取る
2．山椒魚の心情の変化を読み取る
3．ユーモアとは、どういうものだろうか？なぜ、この作品がユーモア小説なのか？

この指針に沿って、以下に述べる三段階のステップで読解が進められた。これ以前の小説の読解は、もっぱら登場人物に寄り添って心情を理解する読み取り方だったが、このエポックでは右記の1．と2．に関わる読み取りにおいて、新しい視点が導入された。一方では従来どおり山椒魚の心情に寄り添い、感情移入して味わい（第1ステップ）、もう一方で心情の変化と笑いの内実を客観的に分析・考察する（第2ステップ）。生徒たちは、感情の領域と知的な領域とを往復しながら読み進むことになる。2週間の学びの様子から、このような読み方ができるだろうと判断して採用した試みである。

十分な時間があれば、最初に山椒魚に寄り添って心情の変化をたどりながら読み味わい、その後で分析・考察へと次元を変えて読解を進めるのが順当である。そのほうが心に深く浸透し、また整理も行き届く。しかし今回は時間的制約があったため、第1ステップと第2ステップとが混在するかたちで授業が進められた。その際の留意点としては、両者を明確に区別して取り扱い、整理してノートに記載することである。第3ステップは、右記の3．にあたる。作品のテーマについてのま

とめであり、このエポックの総まとめにもなる問題で、グループの話し合いをした後に全員で話し合いの結果を分かちあう予定ではあったが、実際にはグループ活動を省略して、生徒たちの自由な発言を教師がまとめるかたちになった。

以上のうち、音読と読解を行なう時間帯は「読む・聞く・話す」活動が中心になる。「書く」活動は、シュタイナー教育の特色であるエポックノート[159]の作成のなかで行われる。エポックノートは、完成した時点で一冊の本のような仕上がりになっていなくてはならず、学んだ事柄を正しく受容しているか、的確な表現であるか、記述内容だけでなく美的にも満足できる作成かどうかが問われる。1回のエポックで、ノート1冊がほぼ埋まる分量の記述をする。むろん教師は、生徒が完成度の高いノートを作成できるように配慮して授業をしなければならない。板書も、エポックノートへの記載を念頭において計画的に行う。国語の授業では通常、日々の授業の最後10分~15分間が、メモした下書きをまとめる時間に充てられる。そしてエポックノートの清書は、下書きをもとに自宅で行なうよう指導している。また作文に関しては、ノートの最後の頁にエポック全体の感想文を書かせ、『山椒魚』の感想も、エポック感想文に含めることにした。

さて、『山椒魚』全7節のうち、第1節では山椒魚の性格的な特徴が読み取れる。岩屋から出られないことに気づいた山椒魚は、狼狽して悲しむ一方で、解決の当てがないにもかかわらず「いよいよ出られないというならば、俺にも相当な考えがあるんだ」とうそぶく。教師のこの独り言を〈抜粋〉して、状況から心理を〈分析〉するように求めると、生徒たちは即座に「カラ元気、カラ威張り」と判断した。それを概念化する語句を探すよう促すと、一人の生徒が「虚勢」と答えた。これが〈解説〉用語に採用された。

この手順で、〈本文抜粋→分析→解説〉の三ステップで内容読解が読み進められた。山椒魚の主観的な心情から距離を取るために、あえて客観的に捉えた用語による分析・解説が目指されるのである。山椒魚の心境は、生徒自身の解説用語で「虚勢→現実逃避→現実直視→現実打破→失敗→自己卑下→孤独の極み」へと変化する。それはネガティブな状況の打開への行動をもたらし、岩屋に紛れ込んだ蛙を閉じ込めて激しい口論を繰り広げる。三年経って、山椒魚が蛙に友情を感じていることを自認し、和解ができたとき、もはや蛙の命は尽きようとしていた。絶望的な状況にある山椒魚や蛙の運命に寄り添えば、この話は紛れもなく悲劇である。しかし、現実を受け入れようとしない山椒魚の頑なさや建て前と本音のギャップは、人間がもつ弱さや愚かしさを暗示しており、一歩離れて見ると哀感の混じった可笑しみを感じさせる。まさにその点にこそユーモアの本質があることが示されるのである。

4. 自由への準備としてのユーモアエポック

以上、学校法人シュタイナー学校のユーモアエポックにおいて、具体的に笑いをつうじた教育がいかに行われているかを概観した。国語の授業において、3週間にわたって毎日約100分ずつ、笑いをメインテーマとして展開されるユーモアエポックの授業。この実践は、その形式面においても内容面においても極めて特異であり、その意義は様々な角度から論ずることが可能であるように思われる。たとえば、ユーモアの名を冠してはいるものの、そこで行われている内容は、現代文学、論説文、近代文学といった国語の読解はもちろん、古典、歴史、異文化理解、そして道徳など、多岐にわたっている。笑いというテーマを一つの切り口として、学習内容は国語という教科の枠を超えて多彩に展開してゆくのである。

まず、第1週に行われた笑いの分類の授業について。ここでは、一口に笑いと言ってもその内実が多様であることが明らかにされる。笑いの分類の授業で列挙されたのは、嘻（ひっひっひとわらう）、听（歯ぐきをむき出しにしてわらう）、呵呵（大声でわらう声）、哄笑（大口を開けてわらう）、嗤（あざわらう）、哂（ほほえむ、そしりわらう）、嘲笑（馬鹿にしてわらう）、爆笑（どっと吹き出すようにわらう）などであった。また、第2週の「国民性と笑い」の授業において、今度は日本語における笑いの多様性に留まらず、他の文化におけるユーモアやエスプリといった笑いの特質を生徒たちは把握するのであった。

けれども、前節で確認したとおり、シュタイナーが想定していた笑いに、これらすべての笑いが該当するわけではない。シュタイナーが想定していたのは、このうち「自己解放力」を強める笑いである。そして、我々が笑うのは、「自分は周囲よりも高い。自分は周囲で起こっていることよりも高い」と感じるからだと彼は述べていた。すなわち、シュタイナーは、嗤や嘲笑ではなくツァラトゥストラの笑い、つまり自己解放力を強める笑いを自由との関連で評価したのである。さらにシュタイナーは笑いについて、「そんなものの奴隷になど決してなりたくない、と思うような状況から自分を引き上げることの霊的な啓示こそが笑いである」[160]と述べる。シュタイナーの目指すそうした笑いは嗤や嘲笑とは無縁のものである。不二氏のユーモアエポックは、第1週に笑いの多様性を確認したあとで、徐々にツァラトゥストラの笑いへと検討すべき笑いの質が絞り込まれてゆく。

第2週で取り組まれた「前句付け」において、作品を生み出すにあたって生徒たちに求められるのは、描き出そうとする場面を客観的に捉える視点である。ある状況を描き出す際、その状況に没頭していては当の状況を客観的に描き出すことはできない。自らの置かれた状況を突き放す視点を持つことではじめて、その状況の姿が描写できるのである。これはシュタイナーのいう高みに立つ視点にほかならない。「うれしくもあり、うれしくもない」ようなアンビヴァレントなシチュエーションを描くためにはそうした状況を高みから眺める視座が求められるのである。

この点は、第３週の授業でさらに先鋭化してゆく。つまり、ユーモアエポック第３週で取り上げられる近代文学『山椒魚』で焦点化されるのは、自らの状況を高みから観察することによって生まれる笑いである。前節で指摘したとおり、『山椒魚』で描き出されている状況は、一見するところ、笑いとは無関係の絶望的な状況である。だが、自らの置かれた悲劇的状況を高みから捉えることで、換言するならば、感覚界での状況を脱することにより、悲劇はユーモアへと転ずる。シュタイナーのニーチェ解釈に依拠するならば、『山椒魚』を単に悲劇としてのみ解釈することは、感覚界に縛られた弱者の視点に留まることを意味するのである。先にも引用したとおり、我々は笑いによって、「そんなものの奴隷になど決してなりたくない、と思うような状況から自分を引き上げ」、自分自身を解放するのである。つまり、強者＝超人の次元へと飛翔すること、すなわち感覚界を脱却し自らを高めることにより、感覚界のしがらみを脱した、強者としての笑いが生ずることとなる。この意味において、「ツァラトゥストラの笑い」は感覚界を越え出ているのであった。しかしながら、それは、「現実否定」「現実逃避」を意味するものではなかった。感覚界のうちにあって、なおかつ感覚界を脱するという自由が獲得されているのである。

ユーモアエポックの流れを総括するならば、笑いの分類にはじまり、『山椒魚』の読解で終わるこのユーモアエポックの一連の流れ自体が、ツァラトゥストラの笑いへと、すなわち自由獲得の問題へと生徒を誘う構造になっているのだ。

無論、3週間のユーモアエポックを通じて、生徒たちが十全に自己解放力を身につけ、自由へと導かれるかといえば、話はそれほど単純ではない。シュタイナーの人間形成論において、感覚界を脱すること、感覚界への捉われから解き放たれること、すなわち自由の獲得は極めて困難な課題であり、ユーモアエポックが即、自己解放へと結びつくわけではないだろう。だが、生徒たちには3週間のエポックを通じて笑いの持つ自己解放的側面が自覚されたのではなかろうか。笑いは単に表層的な面白さから生ずるものではない。また、嘲笑や嗤は笑いの一要素ではあっても本性ではない。我々は笑いにおいて、究極的には自由な人間のありようを垣間見るのだということを生徒たちは授業をつうじて知らず知らずのうちに理解してゆくのではあるまいか。換言するならば、ツァラトゥストラの笑いの自己解放的意義が予感されるのだといえる。この意味において、シュタイナー教育のカリキュラム上、ユーモアエポックは極めて重要な位置を占める。つまり、単に国語教育における一テーマという位置づけを超えて、自由を獲得した人間の一つのありようを明瞭に指し示す内容となっているのだ。したがって、ユーモアエポックではシュタイナー教育で目指される自由獲得のための下準備が行われているともいえる。

また、シュタイナーは、本章で取り上げたユーモアエポックのみならず、教育自体にとってユーモアが不可欠であることを強調している。つまり、笑いは授業の一テーマとしてのみならず、あらゆる授業において重要視されるのである。

「教師はクラスのドアを開けて教室に入るとき、このユーモアをここへ運びこまねばなりません。…芸術は、特に人間を扱う芸術は、ユーモアなしに成功するものではありません。これが大切な点なのです。したがって教育という芸術も、教師集団のなかから「腹立ち」というものを追い出してしまい、無限の優しさと、子どもに対するユーモアにあふれた愛情とを、育て上げていくところに成り立つのです[161]」

自己解放に基づく笑いはシュタイナー教育全体のなかで極めて重要な要素であり、そうした笑いは本章で見てきたとおり自由へと通じてゆくのである。そして右の引用からは、教師自身がそうした笑いの体現者たるべきことが示唆されている。

ユーモアエポックの道徳教育的意義は、以上のように自由の獲得という課題との関連性の中で見出されることになるだろう。

インタビュー③

道徳教育としての演劇教育

井藤：シュタイナー学校では道徳という教科は存在しませんが、では、いかにして道徳教育が成立しているのか、お話しいただけますか？

長井：道徳教育は、シュタイナー教育にたずさわる者にとって、教育の根幹をなすものといえます。人間教育がシュタイナー教育の目指すところなので、教科として部分的に切り取って教えられるものではなく、学びの全ての過程の中にあるべきものだと私は考えています。道徳が教科になること自体が不自然に感じられるのです。「道徳という科目がないのに、なぜ道徳教育が成立しているか」という問いの立て方自体に違和感を覚えてしまいます。むしろ、道徳教育がなぜ特化されなければならないんだろうというふうに感じています。

シュタイナー教育が目指しているのは、子どもたちが独り立ちした時に自分の人生を切り開いていく力を身につけてもらうこと。よく入学説明会でお話しているのですが、シュタイナー教育は、自由な教育ではなく、自由への教育なんです。自由な教育だと誤解されることも多いので、そのことを説明会では最初に口をすっぱくして伝えます。「自由な教育を求めているならば、考え直してください」とも言っております。

では、自由とは何なのでしょうか。自分さえ良ければいいといったエゴに基づく自由ではなく、感情的にも思考的にも自分を整えて、しかるべき時に自分の中にある力を発揮することができ、実際に体を動かして行動に移すことができる、それがスムーズにできることが自由なんじゃないかと私は考えています。真の自由を獲得することができれば、同時に道徳的な人間にもなることができるのではないでしょうか。

井藤：シュタイナー教育では、自由な人間を育成することと道徳的な人間を育成することの間に矛盾がないということですね。シュタイナー教育では自由の獲得というその一点に向けてカリキュラムが設計されているわけですが、では具体的に理科や算数、社会など教科の学びの中でどのような教育が行われているのでしょうか。

長井：学童期にあたる第二・7年期の子どもたちにとっては、まずもって心を耕すことが大事です。この時期の子どもたちは、自分以外の存在に対する畏敬の念、他者を尊重する気持ちが自ずと育まれていくべきだと考えています。

その際には、教科がバラバラに点在している状態であってはいけないと思います。「物事は全てつながっているんだ」、「人智を超えた力によってそれぞれが互いに関係しあって存在していて、自分はその中の一部なんだ」ということが驚きとともに実感できるような学び方でなければなりません。それぞれの教科が互いに無関係であるかのように学びが展開してゆくと、世界のつながりや豊かさと出合うことができず、自分を取り巻く世界への畏敬の念を育むことも難しくなるでしょう。また、世界のつながりを実感する中で自分の行為は周りに影響を与えるし、逆もまたしかりであることを子どもたちが感じることもとても大切です。

井藤：授業を通じて、子どもたちが世界の有機的なつながりを目撃し、それを体感していく中で、世界の途方もない豊かさに対する畏敬の念を育んでいくのですね。

長井：まずは世の中の総体を学び、一つひとつの分野は他の全ての分野との関わりやつながりの中で存在するんだという意識を教員自身が強く持って授業をすることが大切です。

井藤：シュタイナー学校の先生にとって、授業への心がまえが何より重要なのですね。教科に関する広くて深い知識がもちろん必要でしょうが、単に博識であることが求められるのではなく、知と知をつないでゆくセンスが不可欠なように感じました。

長井：全ての教科をつながりの中で一体的に教えているので、先ほどのお話に戻りますが、道徳だけを切り離して特化して教えることが構造的に難しいのです。

井藤：シュタイナー学校の授業を見学させていただくと、国語の授業の中で「これは社会の授業なんじゃないか？」と感じたり、社会の授業の中で、「これは英語の授業なんじゃないか？」と感じたりすることがあります。国語や理科といった教科の名前はあくまでも表向きの看板に過ぎず、エポック授業の中で、それぞれの教科を深く学んでいくうちに、気づいたらあらゆる教科と接続してしまう。

長井：その点について、9年生のエポック授業で登場する有機化学を例にとってお話しますね。有機化学のエポックでは、植物の光合成を中心として、植物の役割や植物が生み出す3大栄養素がどういう性質かといったことを色々な実験をしながら子どもたちは学びます。

そこでは植物にスポットライトを当てているのですが、「人間は植物が二酸化炭素を吸収して光合成によって酸素を生み出していることにいつ気がついたのか」とか、「いつから地球上に二酸化炭素が多くなってきたのか」といったことを学びます。有機化学についての学びの中で、産業革命の歴史をも扱うのです。

植物がなければこの地球はやっていけない。けれども今地球はこんなことになっている。興味深いことに、有機化学の学びを通じて、環境問題に関心を持つ子どもたちが多く出てくるんです。自ずと環境問題に対する意識が芽生えてくる。教科書を使いながら「環境問題について考えましょう」

と直接的に子どもに投げかけるのではなく、あくまでも有機化学についての学びの中で、歴史の中で人類は地球をこんなにも変えてしまったことに子どもたちは気づいてゆくのです。この実践は、ユネスコの本の中でも優良事例として紹介されました。

有機化学の学びは道徳教育的な要素ももちろん含んでいます。9年生は第三・7年期に向かっていく子どもたちなのですが、有機化学の学びを通じて「では自分には何ができるんだろうか」と考えてくれます。9年生の卒業プロジェクトで環境問題に取り組む子もいますし、何より一人ひとりが主体的に環境問題に向き合ってくれます。9年生の有機化学、非常に重要です。

井藤：まさに教科書の中の死んだ知識ではなく、生きた知識を学んでいるのですね。授業で学んだことがこれからの未来を形づくっていく大事な経験として子どもたちのうちに刻み込まれてゆくように感じられます。

長井：自分ではない誰かがこれまでの地球を作ってきたわけですが、今度は自分がこれからの地球をどう作っていけばいいのかを考えるのが、他ならぬ有機化学の授業だという点が私はすごく好きなんです。

エポック授業は各教科にどっぷり浸かることが非常に大事です。4年生くらいから動物学、植物学、鉱物学といったように自然科学系の科目がエポック授業の中に取り入れられていきます。3年生頃の「私」中心のエゴイスティックなせめぎ合いから抜け出た4年生の時期から「動物と人間ってどういう関係なのだろう」といったように、一歩引いたところから人間を見つめることがテーマとなります。結局、動物学といいながら内実は人間学なんですよね。

人間ってよくよく考えてみると、結局は何にも秀でていない存在ともいえます。チーターのように早く走れないし、イルカのようにも泳げない。鷲のように空高く飛べないし、ライオンのように勇ましくもない。何かに特化して秀でている動物たちと比較したときに、人間は何も秀でてはいないわけです。

では、「人間には何ができるのかな」と子どもたちに問いかけます。シュタイナー学校の子どもたちは1年生から手仕事の授業を受けているので、「人間と動物の違いは?」と4年生に聞くと、彼らはすかさず「手で物が作れる」「道具が使える」と答えてくれるんです。手仕事の積み重ねがあるので、手の重要性を子どもたちは感じ取ってくれます。

動物学の学びは、最終的には高校での進化論の学びへとつながっていきます。子どもは自分が何者であるかということを、まずは動物を見て知る。そして植物を見て知る。エポック授業の中で動物や植物の世界に、その都度どっぷりと浸かっていくことで、自ずと「自分とは何か」を知ることにつながってゆくのです。エポック授業の学びは自分自身を知る訓練になっているのだと思います。

９年生くらいになると、子どもたちはより自分自身のあり方にひきつけて、どんなことを心がけて生きていけばいいのかということを考えられるようになります。低学年の時点では担任の先生の強い導きのもと、子どもたちは世界にじっくりと浸ってゆくのですが、年齢が上がってくると自分の力で未知の問いと向き合ってゆくことができるのです。

井藤：問いを深く掘り下げていくからこそ、自分自身の問題ともつながっていくんですね。表層的に問題を扱っているだけでは自分ごととして問いを受け取ることもできません。

その他、例えば、シュタイナー学校の独自科目であるフォルメンについてはいかがでしょうか？

長井：シュタイナーの十二感覚論によると、「自分の中にある尊厳が他者の中にもあるのだということを感じとる感覚」が十二の感覚のうちの一つとしてあげられています。

そうした感覚を研ぎ澄ますのに、フォルメンは深いところで子どもたちに影響を与えていると思います。フォルメンはあくまでも二次元の小さな紙の上での実践なのですが、空間の中でバランスや均衡を保ちながら線を描くという行為の中で、自分と他者との関係や社会の中の自分の位置を見定めるセンスを磨くことにもつながるのかなと思います。

シュタイナー学校における演劇教育

井藤：次に、演劇教育と道徳教育の関連についてお話を伺いたいと思います。シュタイナー教育では演劇がカリキュラムのうちに位置づいていますが、演劇教育が人間形成に及ぼす影響について教えていただけますか[162]。

長井：12年間一貫教育のシュタイナー学校の場合は、8年生と12年生でクラス演劇を行うのですが、横浜シュタイナー学園の場合は、9年制の学校ですので、演劇を行うのは8年生の時だけとなります。

演劇は本当に濃いですね（笑）。今まで私は2回、8年生を受け持ち、8年劇をやらせてもらっているのですが、2回とも全く異なるプロセスと結果が出ました。これからお話するのは、あくまでも担任として外側から観察した子どもたちの姿です。彼らの中で実際にどのような変化が起きたのかは、もちろん外からの観察だけでは正確に把握できないのでその前提でお聞きくださいね。

私が担任として経験した2回の8年劇は本当に全く質の異なる体験でした。8年劇は8年生の時点でのそのクラスのありようが試される形で上演まで進んでいくのですが、演劇はものすごく総合的な、教科を超えた一人ひとりの成長発達に関わる大きなイベントだと感じています。

まずは1期生についてお話したいと思いますが、この8年劇はとてもうまくいきました（笑）。

１期生なので、もちろん、横浜シュタイナー学園として初めての８年劇となったわけで、私自身も劇をコーディネートするのは初めての体験でした。

演目もやみくもに選んでしまって、難度の極めて高いシェイクスピアのテンペストを選びました。京田辺シュタイナー学校の12年生がすでにテンペストをやったことがあると聞いたので、台本作りの際にはそれを参考にさせていただきました。１期生は16人のクラスだったので、16人のキャスティングができるように、少しキャストを変えて劇作りを始めました。１期生というのはどの学校でもそうですが、贈り物のようなクラスだと感じます。

配役決めで主役のプロスペローがなかなか決まらなくて。適役が１人いたんですけれども、本人は最初はやりたがらなくて。でも、周りの15人から熱い要望を受けて、結局その子に主役が決まり、彼中心に演技の準備が進んでいきました。

８年劇に取り組む中で、子どもたちはそれぞれ自分の持っている殻をうまく破っていきました。主役の子はとても真面目な子だったのですが、彼の台本を見せてもらうと、赤字でいっぱい書き込んであるんです。「ここはたっぷり時間をとって」「気持ちを考える」とか書いてあって、身を粉にして頑張ったんだなと感激しました。

劇本番は本当に見事でした。一人ひとり、その子なりに目指していたハードルを乗り越えることができました。上演が終わり、拍手喝采のあと、舞台で丸くなって反省会をしているうちに女子たちが号泣（笑）。達成感に満たされすぎていたんでしょうね。その後、クラスの雰囲気もガラッと変わりましたし、それをきっかけに付き合い始めたカップルがいたり（笑）。

井藤：子どもたちが自分たちの殻を破っていったというお話がありましたが、具体的にどのように変化していったのですか？

長井：8年生は、やはり中2ですから、ラブシーンなんて実際に体験したことがないです。お姫様と王子様が付き合うことを認められて抱き合うシーンなどは特に大変でした。

恥ずかしさとか見栄などを取っ払って役作りをしなければいけないということが彼らにとって初めての経験でした。主役の子は散々憎んでいた相手を主人公が突然許すことに対して、疑問を投げかけました。「なぜプロスペローは許したのか」といった問いをめぐって討論会も開かれました。お姫様を演じている女の子が「このお姫様ＫＹ（空気が読めない）すぎて好きじゃない」とか。この脚本の意図することは何なのかとか、シェイクスピアは本当は何が言いたかったのかなどなど、徹底的に議論しました。それはすごく楽しかったですね。

14歳なりの考え方が少しずつ更新されていって、最終的には、「許しってすごく大事だよね」という境地に至りました。最後の、敵も味方も一緒になって舞台をはけていくシーンでは、「裏切った弟をお兄さんが肩を叩きながら去っていくというのがいいのでは」というアイディアが子どもたちから出されました。ト書きには書かれていなかったのですが、彼ら自身の力でその演出を考え、お互いに納得しながら劇を創造していくところまで成長したのは本当にすごいなと思いました。彼らはお手本のような人たちだったと思います。8年劇はこう取り組めばこうなる！みたいなお手本ともいえる完成度でした。

井藤：ひとつ質問させていただきたいのですが、子どもたちは8年劇を終えて、その後9年生としてもう1年ともに過ごすわけですよね。どうクラスの雰囲気が変化したのですか？

長井：演劇を経て、子ども同士のコミュニケーションの質がより深まったと思います。9年生では2週間の農業実習にもいって、ますます仲良くなりました。

次に私にとって2回目の8年劇についてお話いたしますね。1期生が卒業してすぐに、新5年生の担任を引き継ぐことになりました。1年から4年までそのクラスを受け持っていた担任の先生が海外で結婚することが決まり、どうしてもクラスを離れなければならないことになったのです。そのクラスを私が引き継ぎました。

2回目に担任を受け持ったクラスは、1期とは全く違うタイプのクラスでした。[163] そのクラスは男子が多かったのですが、不思議と男子と女子の仲が悪かったんです。男女が互いに変に意識していたんですね。前の担任からクラスを引き継いですぐにわかったのは、一人の男の子がいじめを受けていたということ。お母さんもいじめを受けていた子も憤っていました。新しいクラスを受け持ってすぐに私が取り組んだのはいじめと向き合うという課題でした。

結局、いじめられていた子は6年生で転校していきました。6年生になっていじめは解消したのですが、5年生の頃は、毎日怒っていましたね。いわゆるいじめっ子集団は下級生にも意地悪をしていました。下の学年の子は、私のクラスの子たちと同じ建物の中にいたくないといい、下の学年の担任はどこか場所を借りて引っ越そうかと考えてしまうほどでした。

私が受け持ったクラスの子たちは、自己顕示欲は強いけれども、なんとなく自己肯定感の低い子が多かったと思います。「こういうことはしてはいけないでしょう」ということを毎日のように授業とは別で話さなければならず、クラスをどうまとめていけばいいか、手探りで進んでいきました。

そんなこんなで6年生、7年生と上がっていったのですが、そのクラスの子たちは最初から「8年劇、無しっていうのはどうですかねー」と言っていました。彼らは自分たちにも8年劇が回ってくると知っているので、避けようとしたのです。「無言劇ってどうですかねー」と言ってみたり。

そもそもセリフを言いたくないんですよね。私は、彼らに対して「8年劇はあります。皆さんの好むと好まざるに関わらず、8年生でやってもらいます」と言いました。

どんな演目だったら、彼らに合っているかなと一生懸命考えましたね。シェイクスピアは嫌だというので。できれば現代物がいい。

1期生の際には、私が彼らにテンペストはどうかと提案したとき、子どもたちは「難しそうだけれど、先生がいいと思って持ってきたんだから、やってみよう」と前向きに受け入れてくれました。やっていればきっとその良さがわかるだろうとポジティブに捉えてくれたのです。

けれども、2回目の子たちは、最初からやる気がないので、これだったらやってもいいなと彼らが思えるような演目を選ぶ必要があったんです。彼らから自発的にこれをやりたいという希望は出てこない。これだったらやってもいいと彼らが思えるものを考えまして。

そして、萩尾望都の「11人いる」を提案してみました。「どうだSFだぞ」と。彼らがこれならやりたいと思えるように入念に仕組みまして（笑）。

すると彼らは「僕たちだけで話をさせてください」といって学級会を開き、満場一致で「11人いる」に決まったんです。「これならやれそうだ」とようやく子どもたちはやる気にはなったんです。

ただ、とにかく人前でセリフを言いたくない子たちなんです。中にはちゃんとやりたいという子もいたんですけれども、クラスに漂うネガティブな雰囲気が足を引っぱって、やりたいと言えないような雰囲気があって。数名のやりたいと思っている子たちまで引っぱられてしまったんです。

けれども、否が応でも台本が配られ、立ち稽古が始まります。まず台本を配り、台本に親しんで、輪番でどんどんセリフを読んでいくということを2、3週間やりました。その後、自薦・他薦で配役に関するアンケートを取りました。

アンケート結果を見てびっくり。主役級の男の役を、かなり難しい子（＝A君）が小さく「やってもいい」と書いてくれました。はっきり言ってあんまりやりたくないと言っていた子が、「みんながいいっていうなら主役をやってもいい」と書いてくれたんです。私は、A君のやる気が出れば、クラス全体の士気も上がるだろうと睨んでいたので、一か八かの勝負に出ました。A君に主役をやってもらう方向で話を進めたんです。

こうして配役は決まりました。A君よりももっと大きな声を出せる子もいたんですが、ここで勝負に出てみようと。そもそも8年劇は、人前で見事な劇を上演することありきではないです。だから役を与えれば、A君は頑張るかなと期待しました。

ただ、A君は、気持ちはあるけれど行動に移せなかったんです。普段、肩で風を切って偉そうにしているのですが、実はすごく小心者だったんです。大きな声を出して声が裏返ってしまっては嫌だとか。まずい結果ばかりを想像して一歩も踏み出せないという子で、私が思っていた以上に重傷だったんです。彼は最後まで声を出す練習はしなかった。

ただ、準備を進めていくうちに劇が好きな子が引っ張ってくれるようになりました。けれども、結果的に子どもたちにとって自分の殻を破るということが想像以上に難しかったんです。

劇の本番前にはゲネプロを1回やるんです。経験上、私の中ではゲネプロから本番までの間に8年生のクラスは大化けするという見通しがあったんです。不思議なことに、8年劇は最後の1週間、10日間で質的にガラッと変わります。1期生だけでなく、その後の学年の子どもたちも、その数日間で劇的に変容を遂げました。

ただ、今回に限っては、子どもたちは変わりたくても変われなかった。変わろうとして一生懸命もがいたのですが。ゲネプロがあまりにできなかったので、さすがにこれではまずいと彼らは反省会を開きました。朝一番から帰りの時間まで丸一日、台本を持ってみんなで教室にこもって、台本の見直しを行いました。ただ、台本を見直すだけで声が出るわけではないので、気持ちだけが焦ったのですが、最後まで化けることはありませんでした。

本番前日の帰りの会で、「先生、劇はもうだめです。だって練習をしなかったから。」とある子が絶望したようにぼそっと言い、クラスの皆の顔を見ると黙ってうなずいていました。

わたしは、担任として彼らに何もしてやれなかったのではないかとひどく後悔しました。子どもたちが不憫でなりませんでした。それで、彼らには「大丈夫。今はわからないかもしれないけれど。お客さんたちは決して敵ではなく、味方だからね。本番になったら必ずわかるから。今日はよく寝て、明日は自分たちができるだけのことをしなさい。」と言って励ますしかありませんでした。

結局、2日間ある舞台の初日になってはじめて、お客さんの反応を聞いて、「あ、楽しいな」と子どもたちは思えたみたいです。２日目はその楽しさがわかったので、だいぶ声も出ていたし、自分たちで楽しんでいたと思うのですが、そこに至るまでの葛藤が深刻で。

Ａ君は、やらなければいけないのがわかっているのに、とうとうやれなかった。Ａ君と敵対していた子（Ｂ君）がいるのですが、Ｂ君はきちんと声の出る子でした。主役のＡ君とは水と脂みたいな関係だったのですが、ある日急に仲良くなったんです。Ｂ君がＡ君に寄り添ってくれたんです。学校の近くの坂の上に公園があるのですが、そのさらに上の方の崖っぷちにＡ君が昼休みの時間に一人で座っていたら、Ｂ君がさりげなく近寄って、Ａ君に寄り添って座っているんですよ。その寄り添い方がとてもいいなあと思いました。それでＡ君が声をふり絞れるようになったかというと、そううまくはいかなかったのですが、良い絵だなと思いました。

井藤：ひとつ疑問なのですが、シュタイナー学校において、子どもたちの自己肯定感は１年生から積み上げられているのではないでしょうか？なぜうまくいかなかったのか、お話を伺っていて少しモヤモヤします。

長井：シュタイナー教育を受けているからといって、必ずしも自己肯定感が順調に育つとは限らないということです。結局、彼らは、劇を演じはしたけれど、私から見て完全燃焼したとは思えなかったんです。

そこで最終的に気づいたのは、私自身が期待をし過ぎていたということなんです。先ほども申し上げた通り、8年劇というのは拍手喝采を浴びて、みんなに「素晴らしかったね」と言われるためにやっているわけではないんです。さきほどお話したエピソードのような小さな小さな経験の積み重ねが、総合的に作用して一人ひとりの成長に役立っているはずなんです。わかりやすいサクセスストーリーを辿らずに、たとえ担任を裏切るような状況になったとしても、絶対に彼らの糧になっているんだということに後々気づきました。

彼らは8年劇を乗り越え、その後、9年生で2週間の農業実習がありました。そうして少しずつ子どもたちの間の距離が近づいていったし、自分たちの力が人の役に立つのだということを感じとっていく中で、ちょっとずつ自己肯定感も増していきました。

このクラスが最も輝いたのは、最後の卒業プロジェクトでした。あれだけ一人で立ってセリフを言うのが苦手だった子たちが、8年劇から1年半後の3月、卒業間近になって、皆が100人の聴衆の前でしっかりと持ち時間30分の発表をやり遂げたんです。まさにこれまで体験してきたことの集大成といえます。特に一人ひとりが順番に発表していく際の発表前後の入れ替えの場面を見て、私は嬉しくなりました。前の子が飾っていたものをとって、次の順番の子のために準備してあげる。発表が終わったら、次の準備をして、、、という手際の良い流れを彼らは自分たちでオーガナイズできたんです。彼らがスムーズな流れを生み出している姿を見て、最後の最後にちゃんとやれるようになったということが感じられて、とても嬉しかったんです。彼らは照れ屋さんだし、「僕たち頑張ったよ」などと私に声をかけることはなかったのですが、一人ひとり、しっかりと前に立てるようになっていたし、クラスとしても助け合いができるようなって、一つにまとまったのです。これは卒業の2週間前くらいのことです。

8年劇が終わってすぐ何かが変わったわけではなく、彼らはじわじわと変わっていったのです。彼らなりのスピードで発達を遂げ、彼らなりの前進がありました。今思えば、私が彼らの一つひとつの振る舞いに一喜一憂していたことを申し訳なく思っています。

だから、綺麗事じゃないんですよね。これをやったらこんな素晴らしい結果が出ました。こんなふうに子どもたちが変化しましたというわかりやすいものではないんです。私が思っていた成長曲線は描いてくれなかったのですが、最終的に見れば、彼らは彼らなりの成長を遂げていたし、それでよかったんだと自分でも思えるところまで私自身が変われたと思います。

長期的ヴィジョンに基づく教育

井藤：シュタイナー教育の場合は射程距離が果てしなく長いですね。人生全体を見すえて教育が捉えられていて、先生方がとても辛抱強いように感じます。8年生時点ではうまくいっていなかったものが、長い目で見たとき、例えば大人になるまでにもっと別の仕方で変容している可能性があるわけですよね。

長井：いじめの問題も、即座にやめられれば良いのですが、でも何が原因なのか、親御さんがどういう人なのか、その子にとって何が根本的な問題なのかとか、ある短い期間だけではわからないこともあるんだと思います。もちろん、いじめはやめさせなければいけないのですが、本当にそれをなくすにはいじめる側の自己肯定感も高める必要があります。自己肯定感が高まれば、他者をいたわる思いやりや余裕も出てきますので。息の長い話です。

子どもたちの問題行動を巡っては、その瞬間その瞬間ですぐに結論を出すものではないんじゃないかと思えるようになってきました。もちろん、渦中にいる時には「いますぐやめさせなきゃ！」と思いますが、よく考えてみると、通り一遍、「いじめはいけません」と言って片付く問題ではないんじゃないかなと。「今こういうことが起こっているよ、私はそれはよくないと思っているよ」というメッセージを毎日子どもたちに送り続けました。ただ、メッセージは送り続けましたが、変わるのは彼ら自身なので、外側から変えることはできないというふうに思っています。シュタイナー学校の先生は、短気じゃやっていけないです。

井藤：俯瞰的に、長期的なヴィジョンで見ることができないと、辛抱強くもなれないですよね。

長井：ただ、渦中にいる時には俯瞰的にはなかなか見られないですよ。どこかでこの結果はすぐに出るものではないだろうなという予感はあります。諦めと言ったら語弊があるかもしれませんが、そんなに早く答えが出るものではないぞという長期戦の覚悟はあるんだと思います。

1年ごとに担任やクラスが変わっていく学校システムではありえないような状況ではあります。クラス替えがしょっちゅうあって、ぶつかり合っている二人を物理的に引き離す状態に持っていくのは、当の二人にとって本当にいいことなのか。とことんその状況に浸ってみるというのも、命に別状がない限りは大切なのかなと思っています。

井藤：シュタイナー教育をめぐる、いわゆるわかりやすいサクセスストーリーとは言えない側面をお話しいただきありがとうございます。ところで、子どもたちの前に権威として向き合う上で心がけていらっしゃることはありますか？

長井：今、ちょうど1年生の担任が始まっているところです。一番大事なのは誠実であることなのかなと。私は子どもと誠実に向き合っているかを日々チェックしています。権威は存在するものではなく、作っていくものなのかなと思っています。入学したてで子どもたちと初対面の状態で、相手がどんな人かわからないのに「私は権威です。尊敬しなさい」と言うのはナンセンスです。

それと、大事なのは約束を守ること。有言実行。言ったことは必ずするし、約束したことは必ず守る。大人の都合でうまくごまかすことができる場合もあるのかもしれませんが、それはしてはいけないと思います。

また、自分の信念に忠実であることも重要です。ブレないことが大切ですね。この場面ではAと言ったのに別の場面ではBと言ったみたいにならないように気をつけています。軸を持つことが大事だということです。ブレている人って信頼できないじゃないですか。

あとは、一人ひとりの子どもにレッテルを貼らないこと。先生が特定の子どもを贔屓することはあってはいけないと思います。今、私は全員を贔屓するというモットーを持っています。この場面ではAくんを贔屓しよう。別の場面ではBさんを贔屓しようとか。20人以下のクラスなので一人ひとりのいいところをインプットすることは可能なので、それに対して、いつも見ているよ、いつも気にしているよと言うメッセージを一人ひとりに送り続けています。誰かを贔屓しないんじゃなくて全員を贔屓する。

注目をしてもらえなかったらなかなか権威として仰げないですからね。こちらからのアクティブな働きかけがあってこそ関係性を築けるのではないかと思います。

また、権威は変化していくものなので、低学年のうちは「長井先生がこう言ったからこうなんだ」と子どもたちは素直に聞いてくれるのですが、3年生くらいになってくると、先生の中にもいいところも悪いところもあることが見えてくる。でも根本的なところでは担任を信頼してくれています。思春期になって担任に批判的な態度も見えてきますが、困ったときには先生に相談しようという思いは残っている。このように権威のあり方も変化していきます。

また、切り替えが上手いことも大切です。叱らなければならない場面と自分の機嫌をリンクさせない。怒る時は怒るけど、次の瞬間にはにっこり笑える。罪を憎んで、人を憎まずというモットーを持って、あなたが嫌いなんじゃなくて、やったことがよくなかったんだよと常に伝える。

井藤：知識をたくさん持っていたり、高度な技術を持っていることももちろん重要ですが、心のありようが深く問われるのですね。最後にひとつ質問をさせてください。芸術を大切にするとなぜ道徳心が育つのでしょうか。

長井：いろんな側面があると思うのですが、美しいものに対する共感、醜いものに対する反感がモラルを育てることにリンクすると思います。大学時代に美学を専攻したときに、その担当の先生が、こんな話をしてくれました。漆黒の綺麗な髪の毛が女性の頭についているとき我々はそれを見て美しいと思うけれども、同じものが公衆トイレの洗面台にあったら汚いと思いますよね。その感覚。あるべきところにあるべきものがあるということが美しいのであって、そうでない場合は同じものでも不潔に見えてくる。そういう感覚を磨くことに芸術は関与すると思います。

井藤：心が反応してくれる。頭で考えるのではなく、心のセンサーが反応してくれるのですね。

長井：なんだか言葉では表せないけど、違う気がするとか。そう言った感覚を養うのに芸術は不可欠だと思います。耳障りな音楽と心が休まる音楽があるだとか。この場にこの色はないでしょ、とか。そうしたセンスは芸術と日々丁寧に向き合う中で磨かれるのではないかと思います。

第４章　後注

123 Steiner 1975a, S.219
124 Paul 1987=1965　第１部第７プログラム「ユーモア文学について」ならびに第８プログラム「叙事的、戯曲的及び抒情的ユーモアについて」を指すと考えられる
125 Heydebrand 1990, S.39
126 Steiner 1975b, S.28
127 Richter 2003,S.134
128 シュタイナー 1997　p.99
129 同上　p.101
130 Steiner 1976,S.138=2011　pp.168-169　一部改訳
131 高橋 2009　p.66
132 Steiner 1963,S.10=1981　p.8
133 Ibid.,S.86= 同上　p.81
134 Ibid.= 同上
135 Ibid.= 同上

136 Ibid.,S.89= 同上 pp.84-85

137 Ibid.,S.86= 同上 p.82

138 杉橋 2000 p.58

139 ニーチェ 1966 p.408

140 同上 p.411

141 ギルマン 1997 p.59

142 クンナス 1998 pp.54-55

143 Steiner 1976,S.134=2011 p.163

144 シュタイナー 1997 p.24

145 Steiner 1976,S.136=2011 p.166

146 Ibid.= 同上 一部改訳

147 Steiner 1989b,S.273=2004 p.57

148 杉田 1990 p.35

149 Steiner 1976,S.138=2011 pp.168-169

150 シュタイナーは「最も小さなもののなかに、最も大きなものを探求する」と述べている
[Steiner 1989b,S.261=2004 p.43

151 Steiner 1976,S.136=2011 p.166
152 土屋 1999
153 河盛 1969
154 早坂 2006
155 井伏 1969
156 河盛 1969 p.137
157 木村 2003 p.1
158 雑俳とは、本格的な俳諧に対して雑多な形式と内容をもつ通俗的な俳諧の総称。江戸中期に流行した川柳と前句付けは、その代表的なものである
159 不二陽子氏の授業で使用されたのは、Ａ４版タテ長、中は白紙の厚紙32頁のノートである
160 Steiner 1976,S.138= 2011 p.168 一部改訳
161 Steiner 1990,SS.116-117= 2001 pp.185-186
162 横浜シュタイナー学園における演劇教育の内実については横浜シュタイナー学園 2015 2013を参照
163 ここで紹介されている8年生劇の詳細については、田幡 2018も参照

第5章　シュタイナー学校では教師をいかに育てるのか

1．道徳教育を担う教師をいかに育成するか―シュタイナー学校における教員養成

「教育者は世界秩序の代表者である」。そうシュタイナーは述べていた。世界との向き合い方そのものを子ども達に提示するシュタイナー学校の教師たちには、極めて高度な力量が求められる。教師には8年間、長期的展望のもとで子どもや保護者と関わり、芸術をつうじた教育を行ってゆく力が必要となるのである。

では、そうしたシュタイナー学校の教員になるためには何が求められるのだろうか。本章ではシュタイナー学校における教員養成の問題に焦点をあて、その内実に迫ってゆくことにしたい。

具体的には、シュタイナーの教員養成プログラムを担当している講師にインタビューを行い、シュタイナー学校の先生を目指す人たちの先生が受講者に何を伝えようとしているのか、その意図と方法を明らかにする。インタビューの対象者は横浜シュタイナー学園で2015年11月〜2017年7月までの2年間にわたって開講されたシュタイナー教育教員養成プログラムにおいて講師を担当した4名の教員、神田昌実氏、長井麻美氏、横山義宏氏、原口理恵氏である。なお、本講座には筆者自身も参加した。講座を担当した講師たちは、現在横浜シュタイナー学園において、日々教師として子どもたちと関わっている。

講座は2年間で27日間実施され、1回あたり2日間〜5日間の講座が全8ターム開催された。[164]
はじめに、教員養成講座の中の、あるタームの一日の時間割を見てみることにしよう。

時間割
9：00〜9：15　朝の音楽
9：15〜10：10　オイリュトミー
　休憩　10分
10：20〜11：10　十二感覚論
　休憩　20分
11：30〜12：40　3・4年生のエポック授業
　昼休み　90分
14：10〜15：30　水彩
　休憩　10分
15：40〜16：55　植物観察
16：55〜17：15　振り返り

午前中から午後にかけていくつかのセクションに内容が分けられ、受講者はシュタイナー教育の理論と実践について学んでゆく。セクションごとに講師が異なっており、それぞれの講師が専門性を活かして、講座を担当している。例えば朝の音楽の時間は、音楽を専門としている教員が担当し、オイリュトミーの時間に関してはオイリュトミストが担当する、といった形式である。また、すべてのセクションにはシュタイナー学校のカリキュラムと同じく、芸術が浸透しており、シュタイナーの理論が実践を通して受講者に示される。

ここでは、講座全体を貫いているプログラムの特質、すなわちシュタイナー教育の教員養成がいかになされているか、そこにおいて受講者には何が求められているのかに焦点を絞って分析してゆくことにしたい。

2. 道徳教育と教員養成の構造的一致

シュタイナー学校における教員養成のあり方は、シュタイナー教育の中の道徳教育のあり方と構造的に一致している。本書で見てきた通り道徳教育はシュタイナー教育のあらゆる場面に内在しているが、こうした道徳教育のあり方は、シュタイナー学校の教員養成にも通底している。教員養成プログラムにおいては、シュタイナー学校の教員に求められることが各講師の講座の中で、具体的事例を通して受講者に伝えられてゆく。そこではシュタイナー学校における教員の要件が抽象的な形で題目として、徳目のごとく受講者の前に提示されることはない。ましてや、そのエッセンスが羅列、整理され、そうした要素の暗記が求められることもない。教員養成プログラムの各セクションの中で、具体的なテーマの中で「シュタイナー学校の教員であるとはどういうことか」が生きた形で講師によって受講者の前に示され、その体得が求められるのである。この点についてシュタイナーは次のように述べている。

「ご承知のように教師は試験で質問された知識に答えるわけですが、この質問に答えられるかどうかは二次的な事柄です。教師は大抵の場合、試験では数時間前に何かのハンドブックで調べることのできる事柄に関して質問されるからです。必要な時にハンドブックで調べることができる内容は、調べればすむことですから。しかし試験では、見ることができないもの―それは教師の一般的な魂の在り方です―これこそが、精神的に常に教師から生徒に流れ込まなければならないものなのです[165]（傍点筆者）」

シュタイナー教育の教員養成においては、各ターム終了後にそのタームで学んだ事柄を各受講生がまとめるレポート課題が課されるものの、知識を問うようなペーパーテストは存在しない。ハンドブックで調べることのできる知識を身につけることではなく、教師の魂の在り方こそが問われるのである。もちろん、シュタイナー思想の基礎的知識を理解することは重要だが、教員養成講座において受講者に求められるのは知識やハウツーの集積ではない。教員養成プログラムをつうじて、受講者は魂の在り方を変容させる必要があるのだ。

ここで二つの問いが生じる。一つ目は、そもそも教師に求められる魂の在り方とは何かという点。もう一点は、我々がいかに魂の在り方を変容させることができるかという点である。右の引用で示した魂の在り方という語を受け、教員養成の過程で受講者に求められている課題をオカルト的・秘教的なものと想像する読者も多いのではないだろうか。けれども、以下、詳しく見ていくことになるが、シュタイナー教育の教員養成で受講者に求められている内容は、決して特殊な事柄ではなく、むしろ教育に関わるあらゆる教員が持っておくべき基本姿勢であるように感じられる。

次節以降、シュタイナー教育における教員養成プログラムにおいて受講者に求められている魂の在り方の内実を解き明かしてゆく。講座を担当した講師へのインタビューをふまえて「シュタイナー教育の教員養成がいかになされているのか」、「シュタイナー教育の教員養成で受講者に何が求められているのか」という二つの問いへの応答を試みたい。

3．滲みこみ型の教員養成

まずは、第一の問い「シュタイナー教育の教員養成がいかになされているのか」について吟味してゆこう。シュタイナー学校では子どもたちが教師から世界との向き合い方や認識の仕方そのものについて学ぶことを重視しているのであるが、シュタイナー教育における教員養成のありようはシュタイナー学校における道徳教育のありようと同型であるといえる。

もちろん知識の獲得も重要な課題ではあるが、それ以上に子どもたちは教師から世界との出会い方を学んでいるのだ。教師が世界といかに向き合い、どのように関わっているか、その関わり方そのものを模倣する形で学びが進行してゆく。そうした教師の態度や言動の模倣のうちに道徳教育が内在しているのである。ここにおいて子どもが世界と出会い、世界との関わり方を学ぶためにシュタイナー教育で強調されるのが教師の権威の必要性であった。1章で引用した一節をもう一度、参照しよう。

「人生の第二期に、自分の教師の自然な権威に完全に身を委ねて成長することができなかった人間は、後の人生において道徳的自由を正しく使いこなせるように成長して行くことはできない。このことはすべての教育や授業に通用するが、しかしとりわけ道徳的なものに顕著にあらわれるのである。尊敬する教育者の影響のもとに、子供は何が良いことで、何が悪いことなのかを感じとって行く。教育者は世界秩序の代表者である。育ちつつある人間は、まず大人を通して世界と近づきにならなければならないのである」[166]

右記引用において、「教育者は世界秩序の代表者である」と述べられているが、このことは教員養成においても同様なのだ。教員養成に携わる講師は、シュタイナー教育という一つの世界秩序の代表者として位置づいており、その代表者を通して受講者はシュタイナー教育の世界に接近してゆくこととなる。受講者には、第一に講師の態度や行為の模倣が求められる。つまり、「シュタイナー教育とは何か」「シュタイナー教育ではいかに世界と向き合い、子どもと向き合うのか」といった問いに対して、概念をつうじてではなく、講師の具体的な姿・行為をつうじてそのひとつの具体的な答えが受講者の前に提示されるのである。

こうしたシュタイナー教育における教員養成の在り方は滲み込み型の方法を基本原理としていると考えられる。ここでは辻本雅史の研究を参照しつつ論点を整理しておく。辻本によれば、現代日本の学校教育は教え込み型の方法を基本原理としているという。辻本は心理学者・東洋の議論を援用しつつ次のように整理している。「「教え込み」は、基本的に子どもは教えられることによって学ぶという前提に立つ。教える者と教えられる者とが向き合っての意図的な教授である。そこでは「教える者」（教師）と「教えられる者」（学習者）の役割がはっきり分かれて存在することが前提になる。教える者は、そこで必要とされる知識や技能を持っており、また教えるためのカリキュラムを持っている。教えられる者はその知識や技能を持っていないで、それを獲得することを必要としている[167]」。

さて、そうした教え込み型の方法と対比されるのが滲み込み型の方法である。

「これに対して「滲み込み」は、模倣および環境の持つ教育作用に依存する。環境が整っていてよいモデルがあれば、子どもは「自然に」学ぶという前提に立つ。ここでいう環境は、物の環境も含むけれども、より重要なのは人の環境である。人と一緒にいろいろな行動をしているうちに、人について、また人の持っている知識や技能や考えについて、自然に学習してしまう[168]」

教え込み型とは異なり滲み込み型において、学習者は模倣をベースとして、学習内容を環境、とりわけ人から自然に学び取ってゆく。教え込み型と滲み込み型という二つのモデルのうち教え込み型優位の状況については、大学における教員養成課程においても構造は同じであるように思われる。そこにおいては教育カリキュラムが体系化され、効率的な知識・技術の伝達が目指されている。

つまり、現代日本における教職課程も基本的に教え込み型に属すると考えられる。
一方、シュタイナー教育の教員養成では、滲み込み型を基本原理としている。そこで求められているのは単なる知識の量的拡大ではなく、シュタイナーが述べるところの魂の在り方を学ぶことである。教員養成講座において、シュタイナーの教育理論が学ぶべき事柄として担当講師から示されるが、その知識が十全に記憶されれば、即、シュタイナー学校の教員となれるわけではない。教員養成プログラムにおける課題は教え込み型の教育によって知識を獲得することとは別のところにあるからだ。このことは先に引用したシュタイナーの言葉「教師は試験で質問された知識に答えるわけですが、この質問に答えられるかどうかは二次的な事柄です」のうちに明確に現れ出ている。この点について、横山義宏氏（横浜シュタイナー学園教員）は次のように述べている。

「シュタイナー学校の先生になるためには、人間全体が開発され、変わる必要があると思います。人間性を磨いてゆくことがシュタイナー教育に携わる先生には求められるのです。知的なことではないんです。染まらなければならないのです。身体全体でいかにシュタイナー教育の世界に浸れるかがポイントになってくると思います。シュタイナー教育に関わっている先生方は共通した軸を持っていると思います。その軸を自分のものにできるかどうかが重要なのではないでしょうか」

横山氏は先に挙げたシュタイナーの述べる魂の在り方を、軸という言葉で表現している。シュタイナー教育の教員養成講座においては、シュタイナー教育の世界に身体全体で浸り、モデル講師の模倣をつうじて、あるいはシュタイナー教育を取り巻く環境をつうじてシュタイナー学校の教師に求められる魂の在り方がいかなるものかを身体に滲みこませながら学んでいくのだ。

4．受講者には何が求められているのか

直観はいかに磨かれるか―聴くことの意義

次に第二の問い「シュタイナー教育の教員養成で受講者に何が求められているのか」への応答を試みたい。筆者の見立てによれば、シュタイナーの教員養成プログラムにおいて受講者に求められている課題は以下の3つのポイントに集約可能である。もっとも、それらの課題は、教員養成課程の中で完結するものではなく、シュタイナー学校の教員となって以降も継続的に探求していくべき問題である。

シュタイナーの教員養成において目指されていることの一点目は直観を磨くことにある。直観は教師の日々の活動を導く重要な鍵を握る。というのも、教師の仕事は判断の連続であり、授業、生徒指導、進路指導、部活指導、保護者対応、あらゆる場面でその都度、適切な対応が求められる。

児童・生徒への言葉かけひとつとってみても、表情、表現、声量、テンポ、タイミングなどを状況に応じて変えてゆく必要があるからだ。数多くの選択肢の中から、最適解を探り当てる力が教師には求められるのである。しかも、ある子どもに対して有効だった働きかけが別の子どもにとっても有効とは限らない。同じ授業内容でもクラスが違えば授業展開は驚くほど異なる。また、対応の是非がその場ですぐに判定できるものばかりではない。一見うまくいったようにみえる働きかけも、俯瞰的にみたとき、あるいは長期的展望で捉えたとき、適切だったかどうかの判断が分かれるものもある。ましてや8年間一貫担任制が採用されているシュタイナー学校においてはより一層、俯瞰的・長期的視視座が教師に求められるのだ。

教師の側の価値観を子どもに一方的に押し付けるのではなく、一人ひとりの子どもの状況を見極め、その都度、最適な関わりをするにあたって、原口理恵氏（横浜シュタイナー学園教員　音楽担当）は直観を磨くことの重要性について言及している。原口氏によれば直観は予感と結びつくものとされ、子どもに対してある一つの働きかけを行った際、それがどのような作用をもたらすのかを見抜く力なのだという。[169]

では、こうした直観を磨くために教師の側にどのような訓練が必要なのだろうか。原口氏はここにおいて聴くことの重要性を訴えている。

「直観を養うためには、聴く練習をする必要があると思います。ある響きを聴いた時に私たちは物事の本質に気づき、その本質を感じ取ります。たとえば、木の机を叩いた時に、その音に聴き入る練習を重ねることで、木の素材の形状を想像したり、質を感じたりする事ができます。聴くことによって私たちはそのものの本質に近づき、外側からではなく、内側から対象を理解することができるようになり、聴く体験の過程で様々な気づきが得られるのです。この場合の「聴く」は単に耳で聴くだけでなく、身体全体で存在そのものを受け止めるというイメージに近いです。そうしてある事象に対して「気がつく」「感じ取る」という経験をたくさんすることによって、この場合はこうなるんじゃないかという予感が育ってゆくのです。ある一つのアクションは、うまくいくかもしれないし、いかないかもしれない。必ずうまくいくなどということは期待できません。教員が聴くことをつうじて子どもたちの中から色々なことを引き出す作業を繰り返すことで、ひとつの事象を前にしたときに「この時はこうなるだろうな」という直観が育ってゆく。そして、聴くためには心を静かにして、ありのままを受け入れる態度が必要なのですが、聴くことの根底にあるのは受動的な姿勢ではではなく、自ら掴み取っていこうとする積極的・能動的姿勢です。直観は外れることもいっぱいあります。外れることは避けられないんです。でも教員は常に直観を信じて働きかけてゆくことしかできません」

音楽の担当教員である原口氏は、聴くことの重要性を訴え、聴く体験を支えているのが音楽だと主張しており、同氏はここにおける聴くことを極めて能動的な営みとして提示している。[170] 単に、ある音を受動的に聞くのではなく、主体的に掴み取る姿勢が求められることになるわけだが、ここには一つの逆説が存在している。聴くことのうちには、こちら側から掴み取ってゆく動的な作用と、あらゆるものを受容する静けさが同時に成立しているのである。動と静が同居し、渾然一体となって内在している状態が聴くという体験の根底にあるというのだ。そしてその静けさは自らを明け渡すことにより可能となる。

原口氏によれば、そのような意味での聴く体験の積み重ねにより、教師のうちに直観が育まれるという。教師側の固定観念を子どもの内に投影するのではなく、子ども（＝他者）とのあいだで生じたある事象に身を明け渡し、ひたすら対象を受け入れ、それに寄り添う。他者に対して寄り添い、そこに自己を明け渡しつつ、徹底して観察を行い、様々な気づきを得るのだ。その気づきは極めて微細な、一見するところ取るに足らない事柄なのかもしれない。けれども、事象に身を明け渡し、そうしたさりげない小さな事柄にも心を配ることにより、他者を内側から理解し、その後の展開を予期するセンスが磨かれることになる。

ここにおいて直観は本書内で繰り返し言及した対象的思惟（gegenständliches Denken）という概

念によって置き換えられる。対象的思惟は、自然に寄り添いつつ、対象を認識する方法である。自然そのものを内側から理解し、対象そのものと一体化するのだ。[171]

そうした対象の内在的理解は、シュタイナー教育においては、音楽という一科目の中で育まれる力ではなく、シュタイナー教育のあらゆる場面で重視されており、その意味においてシュタイナー学校は通奏低音として聴くことが大きな課題として位置づけられている。オイリュトミーや詩の暗誦をはじめとして、あらゆる活動の中で聴くことが息づいているのだが、ここにおける聴くことは、原口氏も指摘しているとおり単に耳で聴くことだけを指しているのではない。より広く、存在全体を受け止める行為として聴くことを捉えなおしたとき、音楽や詩の暗唱に限らず、聴くことはシュタイナー教育の根本的課題としてすべての活動を貫くのだ。

また、右に述べた他者に対して自己を明け渡しつつ、様々な事柄を掴み取る訓練は、シュタイナーの教員養成プログラムにおける繰り返しの要素をつうじて受講者に課題として絶えず投げかけられている。たとえば、教員養成プログラムにおける朝の音楽の時間においては、各ターム中ほとんど同じ課題曲が取り上げられ、1つのターム中何度も繰り返してある1曲と向き合うことになる。同じ曲に対してじっくりと向き合うことで、受講者は1曲から様々な気づきを得ることとなり、そうした気づきの体験を蓄積することで聴くことの訓練を行う。

音楽に限らず、他のセクションでも同様である。たとえば、オイリュトミーの授業でも状況は同じである。授業内容を振りかえってみたとき、アクティヴィティを要約すれば、毎日ほぼ同じことを繰り返しただけと受け取ることもできる。しかしながら、傍から見れば同じ内容でも、内面的な視点で捉えなおしてみると、劇的な違いが存在する。同じことの繰り返しのように見えるが、体験している当の自分が少しずつ変わっているため、アクティヴィティの意味が深化していく。繰り返しによって体験がらせん状に深められ、その過程において受講者の魂の在り方が磨き上げられていく。

フォルメンを生きるシュタイナー学校の教師たち

シュタイナー教育の教員養成において重視されていることの二点目はプロセスの重視である。すなわち、受講者は魂の在り方をフォルメン的に変容させる必要がある。シュタイナー学校では教師自身の魂の在り方がフォルメン的であることが求められている。この点について長井麻美氏（横浜シュタイナー学園教員）は次のように述べている。

「(シュタイナー学校の先生には）自分を変えることをいとわない人が向いていると思います。自分を変えることは自分の可能性を広げることにもつながります。ここで「自分が変わる」ということは、それまでの自分がなくなって違うものにならなきゃいけないということではなくて、自分がここまでだと思っていた限界が「そこ限界じゃなかったね」ということで次のステージに行けるということなのです。自分を完全に壊して、全く別の自分になるということではない。自分が持ってないと思い込んでいた可能性に目を向け、それを開いていくことが必要なのだと思います」

現時点での教師としてのありようは、暫定的な到達点にすぎず、それは変わりうるものである。変化に開かれた姿勢を保つことがシュタイナー学校の教師には求められるというのだ。右の引用に続けて長井氏は次のように述べる。

「私たちは年齢とともに体力も落ちてくるから、子どもたちと鬼ごっこができなくなった体で何ができるのか、とかも考えていかなければなりません。その意味で教師に求められていることはフォルメンなんです。常に形を作り続けなければならない。成長をやめた先生はその瞬間にシュタイナー学校の先生ではなくなってしまうんだとつくづく思います。変えて変えて変えて。でも、それはらせん状に展開していくことです。つながりの中でのことなので、古い自分を完全に壊して、どこから新しいものをもってくるということでもないと考えています。自分の中にあるものをリニューアルしていくイメージ」

ここでは教師としての自分自身をフォルムとして、つまりForm（フォルム）のEnde（終わり）として捉えるのではなく、形作ってゆくプロセスとしてみることの重要性が訴えられている。シュタイナー学校の教師には状況に合わせて絶えず変化し、移り変わってゆくことが必要となるのだが、それはあくまでも一つの流れの中で導き出される変化である。その都度、全く別の存在になることを意味しない。フォルメンの動きは内的必然性を含んでおり、この実践の中では創造的多様性を含みつつ、フォルムが形作られてゆく。長井氏とともに横山氏もまたこの点について、次のように述べている。

「シュタイナー学校の先生は1年生から8年生まで担任するので、1年生の先生は1年生の先生として子どもたちの前に立たねばなりません。8年生に向き合うような形で1年生の担任をすることはできません。子どもとともに常に変わり続けていかざるを得ないのです」

8年間一貫担任制を採用しているシュタイナー学校において、担任自身が子どもの成長とともに、子どもとの相互作用の中で変化していかざるを得ない。この意味において、シュタイナー学校の教員たちはフォルメン線描を生きている。シュタイナー学校の教師には、常に変化に開かれた魂の在り方が求められるのである。

同僚性に基づく教師の成長―長期的展望に基づく教師同士の関わり

シュタイナー教育の教員養成において重視されていることの三点目は同僚性（collegiality）である。同僚性とは「相互に実践を高め合い専門家としての成長を達成する目的で連帯する同志的関係[172]」を意味する。

紅林によれば、そうした同僚性には以下の３つの機能が期待される。[173] 第１は教育活動の効果的な遂行を支える機能であり、チームとしての教育的かかわりが教師の負担軽減に寄与する。第２は力量形成の機能であり、同僚との関わりの中で教師が力量を高めるという側面と、良好な同僚性に支えられて教師が積極的に力量形成に取り組むという二側面がある。第３は癒しの機能であり、自らの仕事の意義を評価し、認めてくれる存在がいること、あるいは自分の気持ちを敏感に察してくれる人がいることが教師のバーンアウトの抑制にもつながるとされる。

シュタイナー学校の教師にとって同僚性は不可欠である。ヴィーフェルトはこの点についてあるたとえをもとに説明している。シュタイナーの存命中、シュタイナー学校の教師たちの輪の中心には常にシュタイナーがいた。教師たちが問いを発し、シュタイナーがそれに答える。教師たちはシュタイナーに教えを乞うことにより、何が適切な教育なのかについての答えを得ることができていた。だが、シュタイナーの死後、状況は変わる。

「もはや、シュタイナーがいない状況が生じます。教師たちは自分たちでこれまでの会議をやらなければなりません。「独自の助言」を頼みにするしかないのです。ここでのプロセスはどのようなものでしょうか？ イメージでいえば、教師たちの輪があります。教師たちは問いを持っています。たとえば、ある子どもについての問いです。それでは、今、中心には何があるでしょうか？ 今、中心には問いがあります。そして、周縁にいる者たちが答えなければならないのです[174]」

シュタイナー亡き後、「ある子どもについての問い」に答えるのはシュタイナーではなく、教師自身となる。中心に問いがあり、周りにいる教員がその問いを様々な角度から吟味する必要性に迫られる。教師たちは問いに対して単独で答えを出すのではない。同僚性に支えられた関係性において、互いの考えを提示しあい、試行錯誤を続けながら一つの問いに向かい合ってゆく。そこにおいてチームとしての関わりが極めて重要となるのである。同僚性が重視される最大の要因は、8年間一貫担任制というシュタイナー教育独自のシステムのうちにある。この点について、神田昌実氏（横浜シュタイナー学園教員）は次のように述べている。

「シュタイナー学校の先生には、長い目で子どもたちと付き合うという覚悟が必要です。なにせ8年間ものあいだ、子どもや保護者と関わるわけですから。もし1年ごとに担当クラスが変わるのだとすれば、なんとなく気が合わない子どもや保護者がいてもやり過ごすことができてしまいます。けれども、8年間担任が変わらない場合、やり過ごすということができません。どうしたらこの人と折り合いをつけて関係性を続けていけるか、どうしたら人間関係を続けていけるか。ぶつかったあとにどうすればよいか。それをみんなが考えていかなければなりません。人と人との関係は真剣に取り組まなければならないということを子どもも親も教師も学びます。シュタイナー学校では多様性を認めざるを得ないんです」

こうした長期にわたる親密な関係性を基軸としたシュタイナーの教育実践においては、他の教師との連携が不可欠となる。多様性を重んじたシュタイナー学校の実践では、子どもたちの様々な個性を尊重するだけでなく、教師の側の多様性も教育における重要なファクターとして位置づけられている。シュタイナー教育の現場において、ある子どもへの対応をめぐり、どのような関わりが最適かを教員会議の場で教員同士が日々議論している。教員が自らの考えに固執することなく、多様な視点に開かれた教育実践を行うための環境が、同僚性を基軸としたシュタイナー教育の現場において根付いているのである。そして、シュタイナー学校では子どもと教師の関わりは、教師間の連携により重層的に展開してゆく。8年間一貫担任制に基づくシュタイナー学校のシステムは一見するところ、1人の教員が8年間ものあいだ子どもとかかわることで、密室性が高く、閉鎖的な傾向を持っているようにも思われる。しかしながら、8年間一貫担任制がそうした閉塞性へと傾斜しないよう、同僚性を基盤とした教師と子どもの関わりが意識的になされている。この点について横山氏は次のように述べている。

「シュタイナー学校では先生同士で授業を見あうということを積極的にやっています。船頭は担任だけれども、他の教員たちとともにチームで子どもと関わるということを、常に意識する必要があると思います。他の先生に対して「口を出さないで」と言ってクラスを閉じてしまうのはまずいと思います。クラスの運営がうまくいっているときならば、それでもいいのかもしれません。けれども、当然ですが8年間の子どもとの関わりにおいて、良い時ばかりではありません。クラスで何か問題が起きたときに備えて、常日頃から情報を共有しあい、子どもに対してチームで関わっていた方がクラス運営も円滑になるのではないかと思います」

ルドルフ・シュタイナーの人間観、教育観を共通の基盤としつつ、教員同士が様々な観点から議論を交わし、絶えずリフレクションが行われている。シュタイナー教育の教員養成においても毎日、講座の最後の時間にリフレクションの時間が確保されていた。多様な視点に開かれているということは、先に見た「フォルメンを生きる」こととも密接に関連しているといえる。自身の価値観への固執は、生成変化への道を閉ざすことにもなりかねないからである。

魂のあり方の変容に向けて

本章で繰り返し述べたとおり、教員養成講座で私たち受講者に求められているのは、単にシュタイナー教育の知識や方法論を学ぶことではない。受講者が魂の在り方の変容へと向かい、その基盤のうえに、自ら授業を構成していく力を養わなければならないのである。そして、インタビュー調査をつうじて浮き彫りになったのは、シュタイナー学校の教師に求められる次のような在り方であった。

①聴くことに開かれ直観を磨き続けようとする在り方
②その都度の状況にあわせて絶えず自己を更新し続ける在り方
③長期的展望に基づき、同僚性を基軸として教育実践に関わる在り方

右記3つのポイントを前提とした魂の在り方へと自己を変容させるにあたって、教員養成講座の受講者は、プログラムへの参加にあたって、受動的に構えているだけでは不十分である。各講師がシュタイナーの教育理論にのっとって、いかに日々の実践を行っているか、受講者はその理論と実践の接続部分に目を向け、授業づくりに際しては自ら創意工夫を重ねなければならないのである。シュタイナー教育の実践者は自分の教育観・教育実践に偏りがないか、自分の立ち位置はどこにあるのかなどを常に反省しながら実践に臨まねばならない。自身の教育実践に対し、無反省な態度でいると、目の前の生きた子どもを相手にする際に大きな誤りを犯すことにもなりかねない。必要なのは、自らの魂の在り方が本論考で整理した3つの観点を逸脱していないか、常に問い続ける姿勢なのではないか。外（実践）に向うエネルギーは、同時に内（内省）へと向うベクトルをはらんでいなければならない。そして内（内省）へと向うベクトルは、再度、外（実践）へと向かう原動力となってゆく必要がある。つまり、一方でシュタイナー教育思想に対する理解を深めつつ、他方で実践の中で、その妥当性を検証し続けていく態度こそが求められているのである。それは「シュタ

イナー教育とはかくあるべき」という原則に囚われることを意味しない。この点について長井氏は次のように述べる。

「『シュタイナー教育はこうであらねばならない』というのは、私は違うと思います。本質的なことを抑えているかいないか。そこを抑えているなら、もはやシュタイナー教育と謳わなくてもいいのかもしれません」

果たしてこれはシュタイナー教育に関わる者にのみ、求められることなのであろうか。我々はシュタイナー教育という特殊事例における教員養成のありようをつぶさに見ていくことにより、そこから立ち上がってくる問いを一つの契機として、学校教育制度における教員養成のあり方そのものを問い直してゆく必要があるように思われる。

第5章　後注

164　2年間にわたる教員養成講座には18名（講座終了時点での人数）の受講生が参加したのだが、現役の小学校教諭や幼稚園教諭など教育に関連した仕事に就いている者が多く参加していた

165　シュタイナー 2017　pp.133-134

166　Steiner 1977,S.25=1986　p.30

167　辻本 2012　p.4

168　同上　pp.4-5

169　ここで原口氏の述べる直観は「教育的タクト」として換言可能なものであるように思われる。オーケストラの指揮者はタクトをふることにより、多種多様な楽器から繰り出される音色を演奏として一つにまとめあげるが、そうした指揮者と同様、教師にもまた様々な個性を持った児童・生徒をまとめあげる力能が求められる。ヘルバルトはタクトを「すばやい判断と決断」の意味に用いているが（徳永ほか 1997　p.145）、学校教育において教師が子どもと関わる際には、刻一刻と移り変わる状況の中で、その都度即興的な判断を下さねばならず、それは一回限りの、再現不可能な作用なのである。教師には子どもの反応に臨機応変に対処し、「授業の基本的な進行や秩序を維持したり、偶然に生じた機会や出来事を、かえって授業のなかで実り豊かなものに転換する力」すなわち、タクトが求められるのだ。この点について教員養成講座講師の長井麻美氏は次のようにのべている。「予期せぬこと

がほぼ毎日起こります。子どもの前に立ってみてちがうなと思ったらそこで変えたりすることもあります」。「ほぼ毎日起こる」予期せぬ状況に対応するためにも、教師には絶えず直観を磨くことが求められるのである

170 これは鷲田の述べる「自―他、内―外、能動―受動という区別を超えたいわば相互浸透的な場」に触れることに相当するように思われる（鷲田 1999 pp.194-195）

171 シュタイナーが述べる対象的思惟としての直観は鷲田の述べるそれと極めて近しい。鷲田は直観について次のように述べる。「「直観」はものそのものにじかに触れること、つまりものの内側からそれを知ることである。これに対立するのは、実在を記号に翻訳する操作としての「分析」である。「分析」は、ものの影についての知、ものとものとの関係をめぐる知、つまりは外からの認識にすぎない」（同上 p.19）

172 佐藤 1997 p.405

173 紅林 2009 p.200

174 ヴィーフェルト 2007 p.13

おわりに

シュタイナー教育をめぐる研究状況については、ある時期を境に確実に風向きが変わったと感じている。20年ほど前、筆者がまだ学生だった頃のこと。教育学の世界にはシュタイナーの研究をすること自体、どこか後ろめたいことであるかのような雰囲気が漂っていた。シュタイナーは学術的アプローチが極めて困難な思想家であり、思想史的位置づけも不明瞭である。人智学はしばしば閉じた思想（わかる人にしかわからない思想）と見なされ、一言でオカルトと切り捨てられることも多かった。大学院生時代、ある著名な研究者からは「アカデミックな世界ではシュタイナーを研究しているというだけで、色眼鏡で見られる」と忠告をいただいた。この言葉が今でも強く印象に残っていて、公の場でシュタイナー思想を語る際には、まずもって聞き手に警戒心を抱かれないよう注意を払ってきた。被害妄想なのかもしれないが、シュタイナーを研究している＝アヤシイ人と思われることを何とかして避けたいと考えてきたのだ。

しかし、いつの頃からか、教育学の世界だけでなく日常においても「シュタイナー教育の研究をしています」というだけで怪訝な顔をされることはほとんどなくなった。なぜ風向きがかわったのか、理由はよくわからないが、筆者にとって喜ばしい変化ではある。こうした時代的雰囲気にあるいま、ここぞとばかりに一つの問いを投げかけてみたい。

そもそも、教育に関するシュタイナーの主張はそんなにアヤシイのか。

確かに人智学で使用される用語はアヤシイ。人智学タームはどれも容易には近寄りがたいオーラをまとっている。エーテル体、アストラル体、霊我…。字面だけでも引いてしまう方が多いのは事実だろう。

けれども、そこで語られている内容そのものに目を向けたとき、果たしてそんなに奇抜なことが主張されているのだろうか。むしろ、多くの人たちが直観的に感じ取ってきたことが丁寧に描き出され、言語化されているのではないだろうか。その本質さえ理解できれば、シュタイナー思想は、世界や自分との向き合い方そのものを捉えなおすためのヒントにあふれているように思われるのである。

シュタイナー思想は、見た目がアヤシイ（アヤシクみえてしまう）ことで損をしているのではないか。それではなんだかもったいない。

シュタイナー学校の教員ではない。正統な人智学徒でもない。そんな筆者の任務は、できるだけ一般の人にも伝わるような形で、しかも本質を損なうことなくシュタイナー思想を翻訳することにあると考えている。シュタイナーが深く影響を受けてきたゲーテやシラー、ニーチェやショーペンハウアーの概念を借りながら、シュタイナーが言わんとしていたことをできるだけ忠実に描いてゆく。人智学と向き合うためには、まずもって屏風のトラを引きずり出すための工夫が必要であるが、筆者が試みてきたシュタイナー研究は、すべてそうした方式をとっている。

本書ではシュタイナーの道徳教育論に焦点を当て、人智学用語を可能な限り使用せずに、その基本構図を明らかにしてきた。この試みがうまくいっているかどうかは読者諸氏の判断に委ねるほかないが、本書を閉じるにあたって、本論の内容を駆け足で振り返っておくことにしたい。

シュタイナーは真の自由を獲得した人は、同時に道徳的だと考えていた。ゆえに、自由への教育を標榜するシュタイナー教育の目指しているところは道徳的な人間を育てることと一切矛盾しないのである。シュタイナー教育は自由な人間＝道徳的人間の育成に向けて設計されており、カリキュラム全体をつうじて道徳教育が行われる構造となっている。

本書で何度も強調してきたとおり、ここでいうところの自由とは、自分勝手、自己本位を意味するものではない。欲求にふりまわされるのではなく、他者を蔑ろにするのでもない。真の意味で自分自身に従って生きることがシュタイナーの目指す自由の本質である。そして本当の意味で自分に従うことができれば、他者をも生かすことにつながるとシュタイナーは確信していた。

もっとも、自由の獲得という課題の達成は容易なことではない。自由は一朝一夕に獲得できるものではないのだ。シュタイナーは「不自由な状態にある私たちが、いかにして自由を獲得できるか」という問いから出発する。我々は放っておいて自然と自由になれるわけではなく、自由を獲得するためにはそのための適切な準備が必要とされるのである。子どもたちが将来的に自由を獲得できるよう、発達段階に応じたカリキュラムを用意するもの、それがシュタイナー教育である。

では、どのような準備が必要となるのか。一言でまとめるならば、子どもたちの直観を育むことが最大のポイントとなる。本書で見てきたとおり、シュタイナー学校ではあの手この手で子どもたちの直観を育むためのレッスンが行われる。「シュタイナー教育ではなぜ自然との関わりが重視されるのか」、「なぜ芸術的活動が重んじられているのか」、こうした問いには端的に「子どもたちの直観を育むため」と答えることができる。

ここにおいてシュタイナーのいう直観の内実を理解することが特に重要となる。本書ではシュタイナーの道徳教育論が基盤に据えているゲーテの自然科学まで遡り、直観を「生きたものを生きたまま捉える力」と定義した。

生きたものを生きたまま捉えること。言葉にするのは簡単であるが、これを日々実践し続けることはじつに難しい。我々は油断しているとすぐに「○○とは○○である」「○○であるべきだ」と、既存の枠組みに当てはめて物事を捉えてしまう。刻一刻と移り変わる対象の動的な姿を捉えずに、静的な、固定されたものとみなすことで、ありのままの姿を捉え損ねることになる。それでは対象の死骸を見ているに過ぎない。

対象の生きた姿をとらえることとは、我々がその中で生きた法則に出会うことを意味する。直観によってつかむべきは、世界のうちにはたらく生きた法則である。ここでいう法則は、定式化された抽象的な法則ではなく、個別一回限りの状況の中でその都度立ち現れてくる創造的多様性に満ちたものである。シュタイナー学校において、子どもたちは至るところで驚きをもって宇宙に内在している美しい法則と出会う。

シュタイナーはそれを超感覚的なものと呼んだ。超感覚的なものは現実世界から遊離した、あちら側の世界にあるものではなく、常にすでにこの世界のうちに作用している。

その作用をキャッチするために直観が不可欠なのである。シュタイナー教育ではあらゆる教科の中で、あるいはあらゆる教科をまたいで、徹底的に直観の精度を上げるための訓練が行われている。本書ではシュタイナー教育におけるすべての学びがフォルメン的であると論じたが（第2章）、エポック授業の中で子どもたちは知識の生成の現場に立ち合う。パッケージ化された多くの知識を効率的に受け取るのではなく、根気強く知識の生まれる瞬間を捉える（第4章）。生きたものを生きたまま捉えることは、あらゆる事柄を流れの中で捉えることを意味する。プロセスを重視し、流れの中に沈潜する体験を繰り返す中で、子どもたちは生きた対象を生きたまま捉えるセンスを磨いてゆくのである。シュタイナー学校における音楽の重視はこのことを端的に示している（第3章）。

こうした教育を成立させるためには、まずもって子どもと向き合う教師自身が直観を磨き続ける必要がある。「あの子は○○だ」などとレッテルを貼るのではなく、成長の只中にある生きた子どもの姿を捉えるためには、誰よりもまず教師自身が直観によって子どもを把握する必要がある（第5章）。

世界のうちに生きて働く作用は、例外なく人間のうちにも作用している。シュタイナー学校において子どもたちは世界の生きた姿を捉えるレッスンを積み重ねてゆくわけだが、そこで磨き抜かれた直観を自分自身に向けることにより、自らの生きた姿を捉えることが可能となる。生きた世界を捉えることと生きた自分の存在を捉えること、すなわち自己認識は共に直観をつうじて果たされるのだ。

誰かから与えられた課題を生きるのではなく、この人生において自分がなすべき課題を見つける。自己認識においては、絶えず生成変容する私自身の姿をはっきりと捉えることが求められるのであり、これにより我々は今この瞬間になすべきことを、自らの意志で遂行すること、つまり自由に生きることができる。

先に述べたとおり、シュタイナーは人が真に自由に生きられるならば、ひいては社会を良くすることにも直結すると考えていた。つまり、自由の獲得は、単なる個人の閉じた課題ではなく、社会というマクロな次元に開かれているといえる。よりよい社会を実現するためには、一人ひとりが自由の実現に向けて歩んでいく必要がある、とシュタイナーは考えた。だからこそ、シュタイナー学校において、自由への教育は道徳教育と同義なのである。

現実の社会は、常に移り変わっている。これまで当たり前だったルールが来年も通用するとは限らない。２０２０年のコロナショックはそのことをすべての人に突きつけた。

シュタイナー教育はこうした予測不可能な時代にこそ必要な力を我々のうちに育む教育実践だと筆者は考えている。世界との向き合い方、自分との向き合い方そのものを子どもたちに伝えてゆくシュタイナー教育は、今、ここで自分は何をすべきかを直観的に見抜く力を彼らのうちに育む。こうした道徳教育のありようは、わが国における道徳教育のあり方を考える上で示唆に富んでいるように思われる。「超感覚的なもの」などという人智学の用語を持ち出さなくとも、生きた世界・生きた自分を生きたまま捉えることが、今まで以上に必要となっているように感じられるからだ。本書で紹介した内容を、わが国の教育をめぐる状況の中にすぐに取り入れることはできなくとも、シュタイナー学校における道徳教育の実践例を参照することで、我々は道徳教育の現状を捉え直すためのいくつもの重要なヒントを得ることができるのではあるまいか。第4章やインタビューの中で紹介した事例はいずれもシュタイナー学校でなければ実践できないような特殊事例ではなく、例えば「総合的な学習の時間」などにおいて十分応用可能な実践といえる。

本書の刊行にあたっては、数多くの皆さんに多大なるご協力をいただいた。本論（第1章から第5章まで）を書き上げたのちに「ぜひシュタイナー学校の先生から道徳教育についての生の声を聞いてみたい」と思い、横浜シュタイナー学園の4名の先生にインタビューをお願いした。事前打ち合わせを一切行わなかったにもかかわらず、本編の内容とインタビュー内容が自然と呼応したことには心底驚いた。筆者がシュタイナーのテキストを手がかりに机の上で導き出した帰結と、シュタイナー学校の先生の豊かな経験から紡ぎ出された具体的な言葉がインタビューを通じてシンクロしていったのだ。筆者はインタビュー中、先生方のお話を伺いながら、答え合わせをしているような不思議な感覚に浸っていたのだが、対話をつうじて浮かび上がってきた理論と実践の結節点に本書の醍醐味があるのではないかと感じている。コロナ禍で対応に追われる中、インタビューに協力いただいた横浜シュタイナー学園の先生方にお礼を申し上げたい。

また、第3章、第4章の内容はそれぞれ山原麻紀子氏（東洋大学准教授）、不二陽子氏（元シュタイナー学園教諭）との共同研究に基づいている。

不二先生は長年にわたり学校法人シュタイナー学園で教員をつとめられ、筆者と共同研究を行ってきたが、2017年に惜しまれつつお亡くなりになった。先生とはまだまだ共に探究したいテーマがいくつもあったのだが、不二先生との共同研究の成果の一端をこうして世に送り出すことができたことを嬉しく思っている。

最後になったが、本書の刊行にあたってはイザラ書房の村上京子さんに大きなお力添えをいただいた。村上さんには今、このタイミングで本書を上梓する意義をお認めいただき、制作過程ではいつも筆者にエールを送っていただいた。村上さんの存在なくして本書の刊行はありえなかった。この場を借りて心より感謝を申し述べたい。

※本書は、研究代表者：井藤元「シュタイナー学校における教員養成プログラムを支える理論とその実態の解明」（科学研究費補助金、基盤研究（C））の研究成果の一部である。

「忘れっぽい天使」 パウル・クレー

引用文献

麻原雄　1976「彩られた図形楽譜」、『美術手帖』412号、美術出版社
生松敬三　1990『二十世紀思想渉猟』、青土社
井藤元　2012『シュタイナー「自由」への遍歴—ゲーテ・シラー・ニーチェとの邂逅』、京都大学学術出版会
井伏鱒二　1969『山椒魚』、岩波書店
今井重孝　2012『〝シュタイナー〟『自由の哲学』入門』、イザラ書房
ヴィーフェルト,C. 2007（入間カイ訳）『シュタイナー学校は教師に何を求めるか』、水声社
ヴェーア,G. 1983（新田義之・新田貴代訳）『シュタイナー教育入門　ヴァルドルフ教育の理論と実践』、人智学出版社
ヴェンシュ,W. 2007（森章吾訳）『シュタイナー学校の授業　音楽による人間形成』、風濤社
ギルマン,S. 1997（富山太佳夫・永富久美訳）『ニーチェとパロディ』、青土社
河盛芳蔵　1969『エスプリとユーモア』、岩波書店
木村功 2003『不思議な日本語 段駄羅—言葉を変身させる楽しさ』、踏青社
クグラー,W. 1987（久松重光訳）『シュタイナー　危機の時代を生きる—学問・芸術と社会問題』、晩成書房
クッツリ,R. 1997（石川恒夫訳）『フォルメンを描く　シュタイナーの線描芸術Ⅰ』、晩成書房
クッツリ,R. 1998（石川恒夫訳）『フォルメンを描く　シュタイナーの線描芸術Ⅱ』、晩成書房
クラーニッヒ,E=M. ユーネマン,M. ベルトルド＝アンドレ,H. ビューラー,E. シューベルト,E. 1994（森章吾訳）『フォルメン線描

シュタイナー学校での実践と背景』、筑摩書房
クレー,P. 2009 ケルステン,W. 編（高橋文子訳）『新版　クレーの日記』、みすず書房
クレー,P. 1991（利光功訳）『教育スケッチブック』、中央公論美術出版
クレー,P. 1973（土方定一他訳）『造形思考（上）』、新潮社
クレー,P. 1961（南原実訳）『クレーの日記』、新潮社
紅林伸幸　2009「協働の同僚性としての《チーム》―学校臨床社会学から」広田照幸監修・油布佐和子編『リーディングス日本の教育と社会　第15巻　教師という仕事』、日本図書センター
クンナス,T. 1998（杉田弘子訳）『笑うニーチェ《新装版》』、白水社
ゲーテ,J.W. 1982（高橋義人編訳　前田富士男訳）『自然と象徴―自然科学論集』、冨山房
子安文 1998『いつもいつも音楽があった』、音楽之友社
斎藤郁夫 1993「クレーと近代芸術―クレーの造形思考とフィードラーの芸術論をめぐって」、『パウル・クレーの芸術』、愛知県美術館
佐藤学 1997『教師というアポリア―反省的実践へ』、世織書房
柴山英樹 2011『シュタイナーの教育思想　その人間観と芸術論』、勁草書房
シュタイナー,R. 2017（今井重孝訳）『社会問題としての教育問題―自由と平等の矛盾を友愛で解く社会・教育論』、イザラ書房
シュタイナー,R. 2005（西川隆範訳）『精神科学による教育の改新―シュタイナー教育基礎講座Ⅲ』、アルテ
シュタイナー,R. 2003（高橋巖訳）「教育と道徳 Ⅱ」、『子どもの教育』、筑摩書房

シュタイナー.R. 1997（高橋巖訳）『ルドルフ・シュタイナー教育講座別巻　14歳からのシュタイナー教育』、筑摩書房
シュタイナー.R. 1983（高橋巖訳）『血はまったく特製のジュースだ』、イザラ書房
杉田弘子 1990「笑いの預言者、ツァラトゥストラ」、『獨逸文學』第85号、日本独文学会
杉橋陽一編 2000『ニーチェ』、筑摩書房
高橋巖 2009『シュタイナー　生命の教育』、角川学芸出版
高橋巖 1987『シュタイナー教育の方法』、角川書店
高橋義人 1988『形態と象徴―ゲーテと「緑の自然科学」』、岩波書店
田幡秀之 2018『続ルポ　シュタイナー学校の1年　自由への曳航』、NPO法人横浜シュタイナー学園
辻本雅史 2012『「学び」の復権―模倣と習熟』、岩波書店
土屋賢二 1999『ツチヤの軽はずみ』、文藝春秋社
徳永正直・堤正史・宮嶋秀光 1997『対話への道徳教育』、ナカニシヤ出版
ニーダーホイザー.H.R. 1983（高橋巖訳）『シュタイナー学校のフォルメン線描』、創林社
ニーチェ.F. 1966（手塚富雄訳）『世界の名著46　ニーチェ』、中央公論社
長谷川哲哉 1992「パウル・クレーとバウハウス教育学」、『和歌山大学教育学部紀要 教育科学』第41集、和歌山大学教育学部
ハフトマン.W. 1982（西田秀穂・元木幸一訳）『パウル・クレー　造形思考への道』、美術出版社
早坂隆 2006『世界の日本人ジョーク集』、中央公論新社
広瀬俊雄 1988『シュタイナーの人間観と教育方法　幼児期から青年期まで』、ミネルヴァ書房

フッグラー,M. 1974（土肥美夫訳）『クレーの絵画』、紀伊国屋書店
前田富士男 2012『パウル・クレー　造形の宇宙』、慶應義塾大学出版会
前田富士男 1976「『自然研究への道』―パウル・クレーにおけるゲーテ―」、『ゲーテ年鑑』第18巻、日本ゲーテ協会
マン,T. 1975（前田敬作訳）「ショーペンハウアー」、『ショーペンハウアー全集別巻 ショーペンハウアー 生涯と思想』、白水社
三輪信吾 1988「ショーペンハウアーと音楽」『現代科学論叢』第22集、現代科学研究会
横浜シュタイナー学園 2018「野ばら　特集　自然に学ぶ」第23号
横浜シュタイナー学園 2016「野ばら　特集　教育に息づく色彩」第21号
横浜シュタイナー学園 2015「野ばら　特集　劇を通して学ぶ」第20号
横浜シュタイナー学園 2014「野ばら　特集　手から育つもの」第19号
横浜シュタイナー学園 2013「野ばら」第16号
横浜シュタイナー学園 2007「野ばら」第5号
吉澤明子 2020『植物と語る　公然の秘密の扉―ゲーテとシュタイナーに学ぶ観察法』、イザラ書房
鷲田清一 1999『「聴く」ことの力　臨床哲学試論』、阪急コミュニケーションズ
渡辺護 1997「音楽は意志の客観化―ショーペンハウアーの音楽美学」、今道友信編『精神と音楽の交響―西洋音楽美学の流れ』、音楽之友社
Heydebrand,C. 1990 Vom Lehrplan der Freien Waldorfschule, Verlag Freies Geistesleben,Stuttgart
Klee,P. 1970 Unendliche Naturgeschichte, Schwabe&Co.Verlag, Basel/Stuttgart . ＝ 1981a（南原実訳）『無限の造形（上）』、新潮社

=1981b（南原実訳）『無限の造形（下）』、新潮社

Palmer,O. 1975 Rudolf Steiners on his Book The Philosophy of Freedom, Anthroposophic Press, United States .

Paul,J. 1987 Vorschule der Ästhetik;Levana oder Erziehlehre ,C.Hanser,München=1965（古見日嘉訳）『美学入門』、白水社

Richter, T. 2003 Pädagogischer Auftrag und Unterrichtszielsetze vom Lehrplan der Waldorfschule, Verlag Freies Geistesleben.

Schiller,J.C.F. & Goethe,J.W. 2005 Der Briefwechsel zwischen Schiller und Goethe,herausgegeben von Staiger,E., Insel Verlag, Frankfurt am Main und Leipzig .

Schopenhauer,A. 1960 Die Welt als Wille und Vorstellung,Sämtliche Werke,Bd.1. Cotta-Insel Verlag,Stuttgart/Frankfurt am Main.=1973: 斎藤忍随他訳『ショーペンハウアー全集３』、白水社

Steiner,R. 2018 Allgemeine Menschenkunde als Grundlage der Pädagogik, Rudolf Steiner Verlag, Dornach .=2003（新田義之訳）『教育の基礎となる一般人間学』、イザラ書房＝ 2007（高橋巖訳）『教育の基礎としての一般人間学―ルドルフ・シュタイナー教育講座Ⅰ』、筑摩書房

Steiner,R. 2015 Erziehungskunst, Seminarbesprechungen und Lehrplanvorträge, Rudolf Steiner Verlag, Dornach .=2002（高橋巖訳）『教育芸術２ 演習とカリキュラム ― ルドルフ・シュタイナー教育講座Ⅲ』、筑摩書房

Steiner,R. 2005a Die Philosophie der Freiheit, Rudolf Steiner Verlag, Dornach .=2002（高橋巖訳）『自由の哲学』、筑摩書房

Steiner,R.2005b Erziehungskunst Methodisch-didaktisches,Rudolf Steiner Verlag,Dornach .=2007（高橋巖訳）『教育芸術１ 方法論と教授法 ― ルドルフ・シュタイナー教育講座Ⅱ』、筑摩書房

Steiner,R. 2000a Mein Lebensgang : eine nicht vollendete Autobiographie ; mit einem Nachwort hrsg. von Marie Steiner(1925), Rudolf

Steiner Verlag, Dornach .=2001（伊藤勉・中村康二訳）『シュタイナー自伝Ⅰ』、ぱる出版

Steiner,R. 2000b Die Kunst des Erziehens aus dem Erfassen der Menschenwesenheit, Rudolf Steiner Verlag, Dornach. = 2013（西川隆範訳）『人間理解からの教育』、筑摩書房

Steiner,R. 1999a Goethes Weltanschauung, Rudolf Steiner Verlag, Dornach.=1995（溝井高志訳）『ゲーテの世界観』、晃洋書房

Steiner,R. 1999b Grundlinien einer Erkenntnistheorie der Goetheschen Weltanschauung mit besonderer Rücksicht auf Schiller, Rudolf Steiner Verlag, Dornach˙ =1991（浅田豊訳）『ゲーテ的世界観の認識論要綱』、筑摩書房

Steiner,R. 1998 Gegenwärtiges Geistesleben und Erziehung, Rudolf Steiner Verlag, Dornach .=1985（佐々木正昭訳）『現代の教育はどうあるべきか』、人智学出版社

Steiner,R. 1990 Die geistig-seelischen Grundkräfte der Erziehungskunst, Rudolf Steiner Verlag, Basel .=2001（新田義之訳）『オックスフォード教育講座　教育の根底を支える精神的心意的な諸力』、イザラ書房

Steiner,R. 1989a Das Wesen des Musikalischen und das Tonerlebnis im Menschen : acht Vorträge, zwei Fragenbeantwortungen und zwei Schlußworte, gehalten in Köln, Berlin, Leipzig, Dornach und Stuttgart in den Jahren 1906 und 1920 bis 1923, 1993（西川隆範訳）『音楽の本質と人間の音体験』、イザラ書房

Steiner,R. 1989b Geisteswissenschaftliche Menschenkunde,Rudolf Steiner Verlag, Dornach.=2004（西川隆範訳）「泣く・笑う」、『こころの不思議』、風濤社

Steiner,R. 1985 Das Sinnlich-Übersinnliche in seiner Verwirklichung durch die Kunst,In:Kunst und Kunsterkenntnis Grundlagen einer neuen Ästhetik, Rudolf Steiner Verlag,Dornach . = 2004（高橋巖訳）「「感覚的＝超感覚的なものと芸術によるそ

の実現」」、『シュタイナーコレクション7 芸術の贈りもの』、筑摩書房

Steiner,R. 1982 Goethe als Vater einer neuen Ästhetik,In:Goethe-Studien Schriften und Aufsätze 1884-1901, Rudolf Steiner Verlag, Dornach .=2004（高橋巖訳）「新しい美学の父ゲーテ」、『シュタイナーコレクション7 芸術の贈りもの』、筑摩書房

Steiner,R. 1977 Aspekte der Waldorf-Paedagogik: Beitraege zur anthroposophischen Erziehungspraxis, Kindler Verlag, München.=1986:（新田義之訳）『教育と芸術』、人智学出版社

Steiner,R. 1976 Lachen und Weinen,In:Pfade der Seelenerlebnisse,Rudolf Steiner Verlag, Dornach.=2011（高橋巖訳）「笑うことと泣くこと」、『魂について』、春秋社

Steiner,R. 1975a Konferenzen mit den Lehrern der Freien Waldorfschule in Stuttgart Erster Band (GA300/1)' Rudolf Steiner Verlag,Dornach.

Steiner,R. 1975b Konferenzen mit den Lehrern der Freien Waldorfschule in Stuttgart Dritter Band (GA300/3), Rudolf Steiner Verlag,Dornach

Steiner,R. 1963 Friedrich Nietzsche,ein Kämpfer gegen seine Zeit :erweitert um drei Aufsätze über Friedrich Nietzsche aus dem Jahre 1900 und um ein Kapitel aus《Mein Lebensgang》, Verlag der Rudolf Steiner-Nachlassverwaltung, Dornach. =1981（樋口純明訳）『ニーチェ― 同時代との闘争者』、人智学出版社

初出一覧

―各章の元になった初出論考は以下の通りである。ただし、本書の文脈に従ってそれぞれ大幅に改稿している。

はじめに　書き下ろし

第１章　井藤元　２０１５「シュタイナー学校における道徳教育と芸術教育の連関」『ホリスティック教育研究』第18号、日本ホリスティック教育協会、５-18頁

インタビュー①　書き下ろし

第２章　井藤元　２０１７「フォルメン線描における自然認識と芸術的創造―シュタイナー教育の道徳的基盤」『ホリスティック教育研究』第20号、日本ホリスティック教育協会、36-48頁

コラム　同上

第３章　井藤元・山原麻紀子　２０１２「ルドルフ・シュタイナーの音楽理論―その思想的背景と教育実践の連関」『東京家政学院大学紀要』第52号、45-54頁

インタビュー②　書き下ろし

第４章　井藤元・不二陽子　２０１６「シュタイナー教育における「笑い」の意義―ユーモアエポックと「自由」」『ホリスティック教育研究』第19号、日本ホリスティック教育協会、14-28頁

インタビュー③　書き下ろし

第５章　井藤元　２０１８「わが国のシュタイナー教育教員養成プログラムに関する一考察」『東京理科大学紀要〈教養篇〉』第50号、349-367頁

おわりに　書き下ろし

◆著者紹介◆

井藤　元（いとう・げん）

京都大学大学院教育学研究科博士課程修了。博士（教育学）。

現在、東京理科大学教育支援機構教職教育センター准教授。

沖縄シュタイナー教育実践研究会顧問。

『シュタイナー「自由」への遍歴 ― ゲーテ・シラー・ニーチェとの邂逅』（京都大学学術出版会、2012 年）、『マンガでやさしくわかるシュタイナー教育』（日本能率協会マネジメントセンター、2019 年）、『笑育 ―「笑い」で育む２１世紀型能力』（監修、毎日新聞出版、2018 年）、『記者トレ ― 新聞記者に学ぶ観る力、聴く力、伝える力』（監修、日本能率協会マネジメントセンター、2020 年）、『ワークで学ぶ教育学 増補改訂版』（編著、ナカニシヤ出版、2020 年）、『ワークで学ぶ道徳教育 増補改訂版』（編著、ナカニシヤ出版、2020 年）、『ワークで学ぶ教職概論』（編著、ナカニシヤ出版、2017 年）、ネル・ノディングズ『人生の意味を問う教室 ― 知性的な信仰あるいは不信仰のための教育』（共訳、春風社、2020 年）、他。

◆研究協力者◆

横山 義宏（よこやま・よしひろ）
ＮＰＯ法人横浜シュタイナー学園教諭。2005 年ドイツ シュツットガルト教員養成ゼミナール卒業。障害者のためのシュタイナー学校で１年間の実習後帰国。

山原 麻紀子（やまはら・まきこ）
東洋大学ライフデザイン学部生活支援学科子ども支援学専攻准教授
専門：音楽教育学・音楽学

柳本 瑞枝（やなぎもと・みずえ）
ＮＰＯ法人横浜シュタイナー学園手仕事専科教諭。
2006 年日本アントロポゾフィー協会教員養成講座修了。

三品 恭子（みしな・きょうこ）
ＮＰＯ法人横浜シュタイナー学園手仕事専科教諭。2011 年日本アントロポゾフィー協会教員養成講座修了。2007 年シュタイナー幼児教育者養成基礎コース修了。

不二 陽子（ふじ・ようこ）
元・学校法人シュタイナー学園・中高等部教員。都立高校教師を経て、1983 ～ 86 年ヴァルドルフ教育ゼミナール（独・シュツットガルト）上級学年教師養成コースに留学。

長井 麻美（ながい・まみ）
ＮＰＯ法人横浜シュタイナー学園教諭。1989 年ドイツ アラーヌス芸術専門大学絵画科卒業。1991 年キール・シュタイナー学校教員養成ゼミナール卒業。帰国後、2004 年まで都内の私立小学校教諭として勤務。

シュタイナー学校の道徳教育

発行日　2021年2月28日　初版発行

著　者　井藤　元

装　丁　赤羽なつみ

挿　画　みやがわよりこ

発行者　村上京子

発行所　株式会社イザラ書房
369-0305 埼玉県児玉郡上里町神保原町 569
tel 0495-33-9216　fax 047-751-9226
mail@izara.co.jp　http://www.izara.co.jp/

印　刷　株式会社シナノパブリッシングプレス

ISBN978-4-7565-0150-9　C0037